Veronica Ger

Profesión: Gestor de redes sociales

Estrategias, tácticas y herramientas para los profesionales del marketing en redes sociales

Traducción de Xavier González Rovira

HOEPLI
ediciones

Título original: *Professione Social Media Manager. Strategie, tattiche e strumenti per i professionisti del social media marketing*

correo electrónico: hoepliediciones@hoepli.it

ISBN 979-12-549-9004-9

Primera edición: octubre de 2022

Proyecto editorial: Maurizio Vedovati – Servizi editoriali
Revisión de la traducción: Carlos Gumpert

Impresión: Rotomail Italia S.p.A. - Vignate (MI)
Impreso en Italia - Printed in Italy

Resumen

La autora

Veronica Gentili nació y vive en la Maremma toscana y es uno de los rostros más conocidos del marketing digital en Italia. Tras licenciarse en Medios de comunicación y Periodismo y especializarse más tarde en gestión de comunidades de redes sociales, se dedicó posteriormente al estudio y la profundización en el uso de Facebook y de las Facebook Ads como herramientas de negocio, temas en los que está considerada entre los principales expertos del país. Hoy cuenta con miles de horas de formación impartidas y cientos de miles de euros gestionados directamente o supervisados para sus clientes, italianos y extranjeros, pequeños y grandes, en Facebook Ads. Acreditada en 2016 por Facebook como Facebook Certified Planning Professional, Veronica también es desde hace años Facebook Marketing Expert para AdEspresso, la plataforma líder mundial en la gestión y optimización de Facebook Ads, recientemente adquirida por Hootsuite, así como para la propia Hootsuite, una de las herramientas de gestión de redes sociales más utilizadas en el mundo. Es autora de algunos de los libros más reconocidos en el ámbito de la comunicación digital como *Strategie e tattiche di Facebook Marketing* (Flaccovio, 2015), *Facebook Marketing Plan* (Flaccovio, 2017) y *La pubblicità su Facebook e Instagram* (Flaccovio, 2019), considerados imprescindibles en este ámbito. Profesora y conferenciante en los eventos más reconocidos del sector, como SMAU, Web Marketing Festival, TTG, Adworld Experience, es asesora desde hace años de algunas de las marcas más exitosas del panorama nacional e internacional. En 2017 creó la Veronica Gentili Academy donde, a través de sus cursos en línea, que explican cómo hacer de las redes sociales auténticos recursos de negocios, ha formado a más de cuatro mil doscientos profesionales. Lo que la caracteriza es su enfoque pragmático y orientado a los resultados, así como su capacidad para explicar incluso los conceptos más técnicos de forma sencilla y práctica. Su lema es «cháchara free» y su objetivo es enseñar a las marcas, grandes y pequeñas, cómo hacer de Facebook un verdadero recurso de negocios, para captar contactos y clientes. Porque, como suele decir a menudo, a final de mes las cuentas no se pagan con los «Me gusta» y los «Compartir».

Agradecimientos

Un agradecimiento especial a la editorial por haberme ofrecido la oportunidad de escribir este libro y a Cristiano Carriero por involucrarme en el proyecto.
Gracias a la maravillosa comunidad de la Veronica Gentili Academy y del Veronica Gentili Club, con miles de profesionales en los que me inspiro cada día y que para mí son un gran apoyo.
Gracias a mi familia y a Emiliano por estar siempre ahí.

Prólogo

por Riccardo Scandellari

En estos años, he observado el nacimiento y la consolidación del oficio, en modo alguno sencillo, del «gestor de medios sociales». Se trata de una etiqueta que engloba muchas tareas, desde las propias del diseñador gráfico o el redactor de historias, a la gestión de campañas publicitarias, al análisis de resultados, pasando por las relaciones públicas y la gestión de la reputación corporativa. Tareas que, tomadas una por una, requerirían años de estudio y práctica. Sin embargo, las pequeñas y medianas empresas que no pueden permitirse una oficina de marketing compuesta por varios profesionales especializados han tenido que recurrir a una figura que englobara tanto la parte estratégica como la operativa propia de una agencia de publicidad estructurada. Una profesión compleja que exige a quienes desean dedicarse a esta difícil función iniciar un recorrido de aprendizaje continuo que tiende al infinito.

¿En qué consiste la profesión de gestor de redes sociales?

Consiste en la identificación de un público, el suministro de comunicación y la medición de los efectos de una actividad de contenidos útiles para que la empresa o el producto se destaquen sobre el ruido de fondo formado por comunicaciones —destinadas a sorprender— de productos con grandes descuentos, cuyas promesas excesivas apuntan a un único objetivo: detener a las personas en los canales de noticias de los distintos agregadores sociales y arrancarles un vistazo para darles a conocer la empresa, el producto y, posiblemente, conseguir obtener algo valioso de ellos, como una dirección de

correo electrónico o la suscripción a un dispositivo de envío de notificaciones.
Internet no puede considerarse un medio de comunicación de masas. Tiene demasiados canales, demasiada interacción, dada la enorme fragmentación de quienes participan en ella, lo que hace que uno elija el canal o el medio que mejor conoce o el que mejor se adapta a sus propias necesidades. Es difícil adoptar un esquema de promoción que resulte siempre válido.
La mayoría de la gente considera que Internet es un lugar en el que todo es posible, un lugar en el que una empresa puede cambiar su suerte para mejor, en el que una persona puede obtener fácilmente notoriedad y oportunidades. La ilusión de un storytelling realizado por parte de quienes desconocen sus dinámicas o por quienes intentan vender improbables recetas de éxito lleva a creer que Internet es un entorno donde uno se promociona gratis y con rapidez. La realidad, en cambio, es que se trata de un lugar donde los resultados solo se consiguen trabajando duramente y durante un periodo de tiempo adecuado.
Hoy en día, disponemos de innumerables tecnologías con las que captar la demanda latente y alimentar así nuestros objetivos. Tal y como ilustra Veronica en este libro, disponemos de al menos cuatro herramientas para posibilitar una comunicación destinada a captar esta tan valiosa como fugaz atención: los canales de noticias, las transmisiones en directo, las historias y los mensajes privados. Cuatro ejercicios en los que parcelar y distribuir una comunicación compuesta por texto, audio, vídeo, imágenes y diálogos directos «de tú a tú», a través de los cuales suministrar información y percepciones sobre nosotros, nuestras empresas y nuestros productos, apuntando al nirvana de cualquier comerciante: ganar la CONFIANZA.
La confianza no nace con la obsesiva propaganda de un producto con descuento o con la adulación excesiva, sino que es algo que siempre ha existido y que forma parte de los mecanismos de defensa que todo ser humano lleva inscritos en su ADN. El ser humano confía en quien se parece a él, en lo que dicen sus fuertes vínculos, en los resultados que puede entender o medir; confía en quien ha cumplido una promesa realizada con anterioridad, en quien obtiene un gran resultado o en quien le ayuda de forma —aparentemente— desinteresada.
En eso consiste la comunicación: en construir un «dispositivo semiótico», que a partir de ahora llamaremos marca, cuya única finalidad es encapsular un capital de confianza que se cultiva en función de un público que valora sus características.
La profesión de gestor de redes sociales no puede reducirse a la capacidad de crear y publicar un «meme» con Canva, y mucho menos a la capacidad

de activar una campaña publicitaria en Instagram. Ser un gestor de redes sociales significa tener la capacidad y las competencias necesarias para encontrar las modalidades más eficaces y productivas de ganarse la atención y la confianza de un público determinado. La atención y la confianza: dos valores mucho más elevados, complejos y gratificantes que conseguir reproducciones, «Me gusta» o seguidores. El objetivo es convencer a un nicho de público de que eres la persona adecuada, la empresa adecuada o el producto que ofrece las mejores garantías a un precio honesto.

Si realizas este cambio mental, ya no te conformas con obtener un débil consenso, sino que buscas la realización de la venta; no te limitas a la mera visualización, sino que aspiras a obtener atención; vas más allá del uso de la táctica para establecer una visión estratégica mucho más amplia y funcional.

Si entiendes la diferencia entre ser una marca y bajar el precio, te das cuenta de la verdadera esencia de la figura del gestor de redes sociales, que Veronica ha ilustrado de forma tan completa en este libro.

Buena lectura.

Riccardo Scandellari
divulgador, formador y consultor en el ámbito del branding y de la comunicación

Introducción

Visto, hasta hace pocos años, como uno de los empleos más demandados del futuro —que ahora ya es el presente—, el de gestor de redes sociales es un trabajo que, con el paso del tiempo, ha ido adquiriendo cada vez más importancia, hasta el punto de haberse convertido en una profesión medular en el sector digital, que ya de por sí crece de forma constante y a gran velocidad.
En la Red abundan hasta la saciedad los cursos para convertirse en un profesional de las redes sociales en unas pocas horas. Precisamente porque la demanda de las habilidades específicas de un gestor de redes sociales aumenta con el tiempo, el mercado cuenta, cada vez más a menudo, con nuevos improvisadores que prometen gestionar la página de Facebook por unos pocos céntimos o añadir miles de seguidores a las cuentas de Instagram en unos pocos días.
Si, por un lado, como veremos, no es fácil comprender qué habilidades se esperan de quienes escogen este camino, por otro sigue siendo complicado hacerse respetar... y a veces hacer que le paguen a uno. Es así porque en algunos ámbitos, sobre todo pequeños y locales, el gestor de las redes sociales sigue siendo «el que trastea con el teclado» y «el que publica cosas en Facebook». Una tarea que podría realizar prácticamente cualquier persona con un mínimo de interés y familiaridad con la esfera de las redes. Aunque después, nadie sabe por qué, ese «cualquiera» no tenga ganas/tiempo para hacerlo.
Se trata, en definitiva, de un trabajo nuevo, muy prometedor y que requiere mucha preparación y mucho estudio, pero cuyos contornos aún deben ser bien definidos, especialmente en nuestro país.
¿Qué debe saber hacer un gestor de redes sociales? ¿Cómo llega uno a serlo? Y, sobre todo, ¿cómo consigue uno ser respetado y demostrar su valía? ¿Cómo distinguirse de los vendedores de humo?
Este libro se basa en las miles de horas de experiencia que he adquirido sobre el terreno. Empezando por la gestión de pequeñas páginas locales de Facebook y llegando, hoy en día, a colaborar con algunas de las más impor-

tantes empresas italianas e internacionales, después de haber gestionado directamente —o asesorado/supervisado campañas de Facebook Ads de cierta relevancia— y después de haber formado a numerosos empresarios y profesionales en línea o presencialmente, he llegado a la conclusión de que, para tener éxito en este trabajo, es fundamental mezclar con habilidad la pasión, la competencia, la experiencia y la capacidad de explicar tus propias capacidades.

He escrito este libro precisamente para evitar que el lector cometa los errores que yo cometí en mi propio recorrido y para reducir las pérdidas de tiempo en actividades inútiles y perjudiciales.

Si nos centramos en lo que realmente funciona e importa de verdad, podremos adquirir la mentalidad adecuada, no solo para trabajar bien, sino también para ofrecer resultados a nuestros clientes. Porque, para tener éxito, las dos cosas deben coexistir necesariamente.

Capítulo 1

Habilidades, experiencias y características del gestor de redes sociales

En el mundo digital cada vez se oye decir más: la figura del gestor de redes sociales ha experimentado un boom nada desdeñable.

Y, entonces, ¿qué hace exactamente?, ¿solo gestiona las redes sociales o también escribe artículos para los blogs? Si le pido a un gestor de redes sociales que escriba también y envíe boletines de novedades o que actualice mi sitio web, ¿entra en sus competencias o no? ¿Tiene que hacer los gráficos de las publicaciones? ¿Y las fotos?

Y ya puestos ¿no sabrá reparar ordenadores?

A pesar de que esta figura exista ya desde hace años, a menudo se tienen grandes dificultades para entender —¡y para explicar!— de qué se ocupa en concreto, qué habilidades y experiencias se requieren para llegar a serlo y por qué no tiene nada que ver con el informático ni con «el tipo que se pasa horas en las redes».

Ser capaz de entender lo que hay que saber y hacer para llevar a cabo este trabajo con éxito resulta, por tanto, crucial también para otro aspecto: comunicar el valor de nuestra profesión a jefes y clientes. Es fundamental para trabajar bien. Y para que se nos pague proporcionadamente, por otro lado.

Como tendremos ocasión de comprobar juntos, la coparticipación y la formación de los clientes/jefes es un camino indispensable para trabajar lo mejor posible, obtener resultados y ver reconocidos nuestros esfuerzos.

Dispongámonos a delinear ahora esta tipología de profesionales: identifiquemos las competencias y los conocimientos que requiere un trabajo de esta clase para ser realizado correctamente y al final dejaremos clara la diferencia sustancial entre hacer marketing en redes sociales y administrar cuentas sociales. Y no, no es una actividad que pueda realizar incluso el cuñado/becario/sobrino joven solo porque sabe usar un ordenador.

El gestor de redes sociales es un profesional

Cuando me piden que explique de forma sencilla mi trabajo, digo que me dedico a **hacer que las redes sociales se conviertan en recursos reales para las marcas** e intento **desplazar la atención de lo que hago** —diseñar planes editoriales sociales, gestionar Facebook Ads, programar publicaciones, analizar el rendimiento— **hacia el beneficio real que aporto a mis clientes**.

No se trata de una elección de palabras al azar, por dos razones: la primera es que (lo saben bien quienes trabajan en comunicación) dejar claro cómo el servicio de uno es realmente útil para quienes lo solicitan resulta mucho más convincente que limitarse a explicar las características concretas.
En segundo lugar, porque cuando empiezas a explorar el sector, descubres rápidamente que hoy en día cualquiera puede decir que sabe gestionar una página de Facebook o publicar alguna historia en Instagram.
En la actualidad, no existe una reglamentación o un examen reconocido universalmente —o al menos a nivel nacional—, que acredite las competencias necesarias para ejercer esta profesión.
Así, nos encontramos en una jungla en la que casi cualquiera —por decirlo de un modo coloquial, *incluso el primer mindundi*— se proclama especialista en redes sociales. Y solo después de haber realizado un curso en línea de ocho horas por 9,99 dólares.
Digo esto para que estemos preparados para el hecho de que no solo vamos a encontrarnos luchando con una avalancha de improvisados pelagatos —bueno, si nos sirve de consuelo, esto ocurre en casi todos los ámbitos profesionales, solo que en el nuestro las posibilidades son un poco más altas, debido al bajísimo umbral de entrada—, sino también porque tendremos que demostrar en qué nos diferenciamos.
Debemos estar preparado para demostrar la profesionalidad que nos caracteriza para destacar entre la multitud.
Desde luego, lo último que querremos es que nos consideren «el que gestiona las páginas de Facebook». Aspiraremos más bien a tener la reputación de un profesional respetable y será entera responsabilidad nuestra creárnosla.

El marketing en redes sociales y su contribución

¿Por dónde empezar, entonces?
Entendamos, en primer lugar, qué significa realmente «marketing en redes sociales»: para tener las ideas claras, es necesario una definición del término. Tomando prestada parte de la que Philip Kotler[1], el padre de la disciplina, dio al marketing, podemos decir que «el marketing en redes sociales es el arte y la ciencia de hacer de las redes sociales verdaderos recursos de negocio de forma concreta y medible, proporcionando contenidos relevantes a los usuarios»[2].

> *El Marketing en Redes Sociales es el arte y la ciencia de hacer de las redes sociales **verdaderos recursos de negocio**, de **forma concreta y medible**, proporcionando contenidos relevantes a los usuarios.*

También en este caso, la elección de las palabras está vinculada a unos significados precisos.

- «**El arte y la ciencia**»: no basta con tener talento y sentir pasión por las redes sociales, ni con ser un «friki» informático y tener conocimientos técnicos. Hacer marketing en redes sociales requiere creatividad, empatía, curiosidad, pero también rigor, análisis y monitoreo.
- «**Verdaderos recursos de negocio**»: como veremos más adelante, hay que integrar lo que hacemos en las redes sociales en la estrategia de marketing más amplia y garantizar que esta actividad tenga un impacto concreto y lo más medible que resulte posible para la marca que la encarga. En caso contrario, corre el riesgo de convertirse en un fin en sí mismo y de ser fácilmente tachado de pura palabrería.
- «**Proporcionar contenidos relevantes a los usuarios**»: para obtener resultados con las redes sociales hay que conocer sus dinámicas y habitarlas de la forma adecuada. Los que utilizan su cuenta de Instagram como si fuera un escaparate o los que solo publican posts comerciales difícilmente conseguirán obtener resultados y, como veremos, nuestro mantra será «implicar para convertir».

Quien se dedica al marketing en redes sociales, por tanto, analiza las actividades de las marcas, define cómo las redes pueden servir de apoyo para sus

1. http://www.philkotler.com/ (última consulta el 5 de junio de 2020).
2. http://www.philkotler.com/quotes/ (última consulta el 5 de junio de 2020).

objetivos, diseña estrategias para alcanzarlos, supervisa los resultados obtenidos y optimiza lo que se ha puesto en marcha. En concreto, se ocupa de:

- análisis de la identidad, de los objetivos y de la reputación de la marca (es decir, de las conversaciones que la atañen o sobre temas de interés), del rendimiento de la marca y de los competidores en las redes sociales y en las campañas publicitarias;
- diseño de políticas de buenas prácticas, de planes editoriales y campañas publicitarias en redes sociales;
- gestión de las presencias de la marca en las redes sociales, lo que se traduce en la programación y publicación de posts y la gestión de las interacciones;
- monitoreo, pruebas e implementación de los resultados obtenidos.

Las actividades del gestor de redes sociales: especializado y contento

Por supuesto, es posible especializarse en una única actividad, por ejemplo, el monitoreo de redes sociales[3], o incluso en una red específica —baste pensar en mi elección del ecosistema de Facebook— o incluso en un mercado específico, como podría ser el marketing en redes sociales para el sector inmobiliario.

Todo depende de las virtudes que haya que resaltar y, naturalmente, del sector en el que queramos operar.

Hay que decir que, si eliges la profesión como autónomo o trabajas para una agencia pequeña/mediana, en la mayoría de los casos te enfrentarás con micro y pequeñas actividades que difícilmente pueden permitirse un equipo de especialistas.

En este caso, puede ocurrir que el especialista en marketing en redes sociales abarque varias áreas, desde el análisis de la marca hasta la gestión de las presencias digitales y de las campañas. Es posible que consiga contar con el apoyo de otros profesionales en las áreas en las que está menos versado, como la producción de la creatividad, de los vídeos y de las campañas publicitarias. O, simplemente, decidirá no ocuparse de ello.

En realidad, las actividades a cargo del gestor de medios sociales son diversas y variadas (Figura 1.1).

3. Se trata del proceso de identificar y determinar lo que se dice de una marca, un individuo o un producto a través de diferentes canales sociales y en línea.

Figura 1.1 - Lo que hace realmente el gestor de redes sociales vs lo que se ve desde fuera: un iceberg representa perfectamente su trabajo.

Como puede verse, la parte de gestión —la única que el profano y (¡por desgracia!) el cliente suele ver— es solo la punta del iceberg de un trabajo que empieza a mucha más profundidad y se prolonga en una actividad de monitoreo continuo, imprescindible para la obtención de resultados.
¿Somos, pues, meros gestores de cuentas sociales?
Simplificar, en este caso, significa no solo degradar nuestro proprio trabajo, sino también abrir la puerta a una serie de objeciones: «A ver si lo entiendo, ¿se supone que te pago cuatrocientos euros al mes por publicar cuatro posts a la semana en Instagram?». Todo esto —*et similia*— corre el riesgo de lle-

varnos a un terreno minado en el que no desearíamos que nadie entrara: el del precio más bajo. Y eso no es lo que queremos, ¿verdad?
En este trabajo —como en tantos otros campos, a fin de cuentas— siempre habrá quien ofrezca su profesionalidad *por unos céntimos*, tendremos en cualquier caso autodenominados especialistas que gestionan páginas de Facebook por cincuenta euros al mes y otros que te dirán que te incrementan quinientos seguidores de Instagram en solo 24 horas por quince euros.
La cuestión es que los que se especializan y aprenden a presentarse a sí mismos de la forma apropiada ni siquiera están interesados en librar esta clase de batallas.

Llegar a ser gestor de redes sociales

Ahora que sabemos lo que hace un gestor de redes sociales, ¿cómo se convierte uno en un profesional digno de esa definición? ¿Cómo se adquieren las habilidades y conocimientos necesarios?
Para tener éxito en un trabajo como este, hay que tener en cuenta, en primer lugar, tres aspectos fundamentales: el estudio y la actualización constante, que caracterizarán toda nuestra trayectoria; la experiencia y, por supuesto, la puesta en valor de la propria valía. ¿Cuántos profesionales muy buenos conoces que, sin embargo, no han llegado a triunfar por no saber venderse de la forma adecuada? No basta con saber y saber hacer, también tenemos que saber contarlo.

“No basta con saber y saber hacer, también tenemos que saber contarlo.”

Las aptitudes

«Vuestra profesión ocupará una gran parte de vuestras vidas y la única manera de estar realmente satisfechos con ella es hacer un buen trabajo. Y la única manera de hacer un buen trabajo es amar lo que haces»[4]: estas son las palabras por Steve Jobs en su discurso en la Universidad de Stanford. No podemos decir que no tiene razón.
A lo largo de los años, creo que he formado (y ayudado a informar), en línea y de forma presencial, a decenas de miles de personas, pero un tipo de situación que siempre me ha causado perplejidad, ya sea en el aula o en la consultoría, es cuando me pedían que enseñara a gestionar eficazmente la presencia digital en las redes de una marca concreta a alguien a quien se le

4. https://www.youtube.com/watch?v=oObxNDYyZPs (última consulta el 5 de junio de 2020).

ha impuesto esta «carga». Tal vez por una decisión tomada por otra persona, normalmente el jefe, o por un presupuesto limitado que obligaba a que el pequeño empresario quisiera encargarse él mismo de las filas de las cuentas sociales de la marca en concreto o entregar su gestión a la desafortunada y sobrecargada secretaria.

Personas que odiaban las redes sociales, que nunca entraban en Facebook y que no entendían muy bien qué era lo que la gente encontraba tan divertido allí; eso era, en la práctica, la crónica de un desastre anunciado. Sí, porque para ser un buen gestor de redes sociales primero hay que entender las dinámicas de estos entornos, habitarlos y, sobre todo, vivirlos de buena gana.

¿Cómo podemos, en definitiva, hacer un buen trabajo si no nos gusta el objeto principal de ese trabajo? ¿Si no comprendemos sus características?

Parece una banalidad, pero en un mundo en el que se nombra «eso de las redes sociales» a la secretaria, al recepcionista, al becario o quien se cree que tiene un poco de tiempo extra para dedicarle al tema, es necesario dejar muy claro que, para poder trabajar correctamente, en primer lugar, las redes sociales tienen que gustar y tienen que ser habitadas de buena gana como usuarios. Un aspecto fundamental de los planes editoriales estratégicos es definir, con conocimiento de causa, lo que es tiene más probabilidades de funcionar y lo que no.

> *“Las redes sociales tienen que gustar y tienen que ser habitadas de buena gana como usuarios.”*

Entre otras cosas porque, digámoslo claramente: el administrador de comunidades de redes sociales —el que gestiona, anima y modera la comunidad de la marca— representa a la propia marca en todos los sentidos, igual que un actor.

No solo debemos tener una buena actitud hacia estos espacios, sino también hacia todo lo que los caracteriza, es decir, las personas. El debate, la comunicación, la escucha y el análisis son fundamentales.

Hace falta cierta aptitud para las relaciones, la creación y el mantenimiento de las mismas situar en el centro de todo. Si estas palabras nos provocan una sensación de malestar, bueno, entonces quizá nos convenga más un trabajo menos expuesto a los demás y, en general, menos basado en las relaciones.

El principal motor que mueve a quienes triunfan en la vida es la pasión.

El estudio

Si algo no te gusta, seguro que no te podrá apasionar, y si no estimula tu interés, estarás poco dispuesto a invertir tiempo, día tras día, mes tras mes y año tras año en estudiar y ponerte al día.

Sí, hemos llegado al quid de la cuestión: los que eligen el marketing en redes sociales, como ocurre también con el resto de las profesiones relacionadas con lo digital, saben que su proceso de formación nunca termina.
A menudo me preguntan cuánto *he estudiado* para hacer este trabajo y en todas esas ocasiones sonrío. Porque en realidad nunca he dejado de hacerlo y nunca llegará el momento en que pueda considerar este aspecto como parte del pasado.
Para hacerlo bien, este trabajo requiere un estudio casi diario de novedades, de herramientas recién introducidas y de nuevas estrategias. En otras palabras: varias horas a la semana de aprendizaje.
La cuestión es que no puedes pensar en hacer un curso de X horas y alguna puesta al día cada cierto tiempo.
Eso no será suficiente, porque en este campo las herramientas, las estrategias y las propias redes sociales cambian de un día para otro y requieren una atención y un estudio constantes, algo que probablemente no estarás dispuesto a hacer si no te mueve la pasión por este trabajo.

La experiencia de campo

Una vez que estemos dispuestos a formarnos y re-formarnos continuamente para obrar correctamente, podemos pasar a la primera fase o, si ya conocemos bien estos espacios, al menos como usuarios, ir directamente a la segunda.

Fase 1: la exploración

Si te sientes intrigado, pero aún no has llegado a meter bien «las manos en la masa» en este mundo, el consejo es que empieces por aquí: ponte unos zapatos cómodos —metafóricamente hablando— y empieza a explorar.
Sin miedo alguno a probar.
Observa, empieza a husmear y a familiarizarte con las herramientas del oficio. Abre una página de Facebook, incluso sobre algo sencillo o divertido: mejor aún, sobre algo que sea de tu interés o una afición tuya. Mientras tanto, intenta familiarizarte, entender cómo funciona y qué permite hacer. Crea un perfil en LinkedIn y empieza a presentarte adecuadamente y a navegar por sus dinámicas; o abre una cuenta en Instagram y explora sus distintas áreas, las modalidades de interacción, cómo se muestran los usuarios e interactúan entre sí.
¿Qué hace que una determinada publicación tenga tanto éxito y otra no? ¿Qué hace que un perfil sea mucho más interesante de seguir, mientras que a otros

no se los traga nadie? Explora, en primer lugar, como usuario. Por mi propria experiencia, te puedo decir que lo hago durante meses y lo hago cada vez que nace una nueva red social o empieza a despegar: este, por ejemplo, es el momento de TikTok.
Verás que cada red social tiene tonos, formas de utilización y lenguajes diferentes, y quien no aprende a entenderlos y a utilizarlos como usuario nunca sabrá trabajar con ellos bien como marca.
Date tiempo para comprender y acostumbrarte a las distintas herramientas que ofrecen las redes sociales: tendrás que familiarizarte al máximo con las que serán tus compañeras habituales, y para ello no bastan unos pocos días.

> *“Date tiempo para acostumbrarte a las distintas herramientas que ofrecen las redes sociales.”*

Empieza desde el minuto uno a cuidar tu identidad digital, empezando por tu blog y por tus cuentas sociales, especialmente Facebook y LinkedIn.
Tanto si quieres trabajar para una agencia, una marca o, mejor aún, como autónomo, antes de llamarte, nueve de cada diez empleadores irán a ver quién eres en Internet.
En general, las redes sociales son cada vez más importantes para la búsqueda de empleo[5] y tienes que presentarte lo mejor posible, no querrás ser un zapatero más con los zapatos agujereados, ¿verdad?

Fase 2: la formación

Cuando decidí entrar en el mundo del marketing en redes sociales, no había muchos cursos de preparación ni libros especializados para estudiar, así que hice la mayor parte del trabajo por mi cuenta y seguí, sobre todo, proyectos de formación surgidos en Estados Unidos.
Esto no quiere decir que no haya excelentes cursos y profesionales italianos, sino que el dominio del idioma inglés es fundamental para estar al día y saber dominar las distintas funcionalidades de las plataformas y que, por supuesto, hay que tener los ojos bien abiertos.
Hoy en día, precisamente porque hay tanta demanda, hay muchísimas ofertas de formación presencial y en línea que prometen darte todas las herramientas para llegar a ser un gestor de redes sociales de primera. La otra cara de la moneda es que también está plagado de embaucadores que se improvisan como profesores y de cursos superficiales y chapuceros que se hacen pasar por excelentes.

5. https://www.linkiesta.it/2019/12/social-selezione-lavoro (última consulta el 5 de junio de 2020).

CÓMO ELEGIR EL CAMINO CORRECTO

Mi consejo es que practiques, desde el principio, tu capacidad de análisis: también te será útil para más adelante en tu trabajo.

Analiza en primer lugar a los profesores del curso, pero sobre todo las opiniones en la red sobre el proveedor y los comentarios de los participantes. Mejor aún si está prevista una parte práctica en talleres o empresas.

Si te prometen convertirte en un perfecto profesional en ocho horas, si te venden el secreto por fin revelado para ganar dinero a manos llenas en las redes sociales, si «parece demasiado bonito para ser verdad», probablemente es mejor dejarlo correr.

Puedes elegir un curso largo de especialización o un máster que te proporcione una base sólida o, tal vez, realizar varios talleres y microcursos.

En cualquier caso, es fundamental no formarse completamente por cuenta propia, recurriendo a blogs y a revistas especializadas, picoteando de aquí y de allá. ¿Por qué perder un tiempo precioso cometiendo errores que podrías evitar? ¿Por qué no seguir un camino que te permita obtener una base sólida sobre la que construir tus competencias, en lugar de basar tu profesionalidad en una especie de «queso suizo», creado a partir de artículos de baratillo y libros electrónicos gratuitos encontrados en Internet?

Seguir un curso *ad hoc* te permitirá entender cómo moverte, evitar los errores más graves y, sobre todo, conocer a quienes, como tú, han elegido este camino.

Ya verás, los compañeros de viaje —tanto reales como virtuales— serán fundamentales en tu crecimiento.

¿Cómo saber, entonces, si el curso al que le has echado el ojo es el adecuado para ti? ¿Y si vale la pena comprarlo o no?

Además de averiguar quién es el ente, la agencia, el profesional o la asociación que lo ofrece, mi consejo es analizar tres aspectos principales:

- **Temas**: por lo general, los cursos bien diseñados especifican los temas que se tratarán, para que el estudiante pueda entender en qué y cuánto se profundizará. Lee siempre con atención los contenidos del curso; en caso de duda, pregunta antes de comprar y, si no estás seguro, averigua también el nivel de dificultad. En algunos casos, se trata de sesiones avanzadas, por lo que si eres un principiante te resultará muy difícil orientarte. Si desconoces por completo la gestión de las redes sociales y quieres ocuparte de ello, en vez de empezar directamente con un curso técnico —por ejemplo, sobre cómo hacer *retargeting* en Facebook—, sería mejor comenzar con un curso más general que te proporcione las bases adecuadas, tanto técnicas como estratégicas, para entender cómo funcionan estas plataformas, para luego adentrarte en la materia a través de sesiones más específicas.

- **Profesores**: ¿quién se ocupará de tu formación? ¿Qué experiencia tiene, a qué se dedica? ¿Qué informaciones —en línea y presenciales— puedes encontrar sobre los profesionales a los que deberías confiar una parte de tu futuro? El profesor es crucial en cualquier trayectoria de estudios, averigua quiénes son los del curso que te interesa y qué competencias y experiencia tienen.
- **Opiniones**: ¿qué piensan los que han asistido al curso? ¿Hay testimonios y opiniones en el sitio? ¿Y fuera? Si buscas «nombre de marca del proveedor + opiniones» o «nombre del curso + opiniones» en Google ¿qué encuentras? Infórmate sobre la experiencia de quienes han invertido antes que tú.

Resulta fundamental, además, leer libros y blogs en abundancia, especialmente los recientes: este es un mundo que cambia a la velocidad de la luz.

Fase 3: práctica y creación de redes

La teoría, por supuesto, tendrá que complementarse con la práctica, algo que ya habrás empezado a hacer en la fase de exploración. Además de tus cuentas personales y de prueba que mencionamos al principio, empieza a realizar pequeños proyectos en cuanto estés seguro de no cometer demasiados errores. Mejor aún si cuentas con el apoyo de alguien con más experiencia.

Todo depende del tipo de camino que decidas tomar, autónomo, empleado, etc. Si es posible, súmate durante unos meses a alguien preparado que lleve tiempo haciendo este trabajo —claro que sí, todos hemos sido becarios y esta fase, hecha como es debido, es una de las mejores escuelas—, ya sea un autónomo o un gestor de redes sociales de una agencia. Te permitirá entender las dinámicas del trabajo, cómo gestionar a los clientes, cómo montar concretamente un proyecto; en definitiva, todas esas cosas que tienes que «vivir» y que difícilmente se encuentran en los libros o en los cursos. Si no tienes la posibilidad de sumarte a alguien, cuando te sientas lo suficientemente preparado y hayas tenido la suficiente práctica con tus proyectos personales —¿de verdad no encuentras la manera de hacer unas prácticas?— ofrécete para pequeñas actividades, tal vez dirigidas por personas a las que conozcas, como su gestor de redes sociales, señalando, con la máxima transparencia, que estás empezando, pero que tienes mucha pasión y ganas de alcanzar resultados. Empieza, además, a crear redes desde el principio. De forma presencial, en actos del sector, y en línea, en los distintos grupos especializados: intenta buscarlos, hay muchísimos.Te ayudará no solo a estar al día y a

establecer contactos que te serán útiles, sino también a contrastar con otros especialistas en caso de dudas o preguntas.
Los grupos han sido —y siguen siendo hoy en día— un gran recurso, ya que permiten descubrir novedades, aprender y también evitar errores.
Para un crecimiento continuo.

Fase 4: la formación continua

Como ya hemos dicho, todo trabajo, incluso el más estático, requiere una formación y una actualización continuas.
En el marketing en redes sociales, a la continuidad se le añade la velocidad, la de un mundo que cambia de herramientas, paradigmas y entornos cada día. Si quieres hacer de este ámbito tu trabajo y quieres hacerlo bien, tendrás que estar informado diariamente —sí, no mensual ni semanalmente— de todas las novedades y las tendencias del sector.
¿Cómo? Hazte con un buen canal de noticias —yo personalmente uso Feedly[6]— en el que puedas reunir todas las fuentes que te interese seguir. Sigue algunas publicaciones del sector en el otro lado del Atlántico, generalmente muy actualizadas, como *Social Media Today*[7], *Social Media Examiner*[8], *HubSpot*[9], *Marketing Land*[10], *TechCrunch*[11].
Por supuesto, también en nuestro país hay muchos blogs y sitios del sector muy interesantes para tener presentes: haz una exploración y sigue los que consideres más adecuados.
También hay que tener en cuenta un pequeño detalle, que a menudo se pasa por alto, pero que es realmente fundamental: saber leer y entender el inglés es muy, muy importante para realizar este trabajo. Es esencial. Precisamente porque mucha investigación, libros, novedades e incluso contribuciones suelen proceder de los Estados Unidos, al igual que diversos cursos de especialización. Eso por no hablar de que algunas partes del Centro de asistencia de Facebook no están traducidas al español y, por tanto, solo son accesibles para quienes entienden el inglés.
Por una razón puramente pragmática, lo necesitas para aprender, para estudiar, para estar al día y para estar dispuesto a acceder a cualquier novedad de inmediato.

6. Feedly es un agregador de noticias *freemium*, muy fácil de usar y disponible como aplicación tanto, para iOS como para Android.
7. https://www.socialmediatoday.com/ (última consulta el 5 de junio de 2020).
8. https://www.socialmediaexaminer.com/ (última consulta el 5 de junio de 2020).
9. https://www.hubspot.com/ (última consulta 5 de junio de 2020).
10. https://marketingland.com/ (última consulta 5 de junio de 2020).
11. https://techcrunch.com/ (última consulta 5 de junio de 2020).

El tiempo necesario para llegar a ser un profesional

Ya lo hemos dicho: los autodenominados profesionales del marketing en redes sociales o de personas que se presentan como expertos en redes sociales abundan.

Los irás conociendo, te toparás con ellos, te enfadarán porque quizás te quiten algunos de tus clientes, formulando promesas absurdas o jugando en el maldito campo de los precios más bajos.

Lo más probable es que todo esto ocurra y tienes que saber que forma parte del juego.

¿Sabes cuántas horas de trabajo tendrían que acumularse para que alguien pudiera llamarse a sí mismo experto en cualquier materia? Según Malcolm Gladwell, periodista y sociólogo canadiense, unas diez mil[12].

Personalmente, he pasado tardes y noches estudiando tal o cual plataforma, días enteros analizando cuentas sociales para entender por qué tienen éxito, meses y meses haciendo, deshaciendo, rehaciendo y optimizando campañas publicitarias que no me daban el resultado que pretendía. No quería ser la enésima friki que se pasa la vida en Internet y que, un día, se inventa un trabajo con las redes sociales porque está de moda, ni el habitual improvisador que gestiona pequeñas páginas de Facebook, publicando contenidos como un mal anuncio de aficionados.

Sabía que quería ser y convertirme en una buena profesional, que no tiene miedo a comprometerse para distinguirse de los demás y a diseñar su propio camino tal y como lo ha soñado.

En este campo específico, el entusiasmo y el interés son realmente necesarios y son los que marcarán la diferencia entre alguien que tarda años en hacer un trabajo decente y alguien que, por el contrario, al cabo de unos meses ya ha sentado las bases para convertirse en un profesional de éxito.

Mi consejo es, por tanto, que empieces con un curso completo —quizás de unos meses de duración— que te proporcione una buena base sobre la que luego puedas construir, con experiencias, cursos especializados y talleres, una valiosa profesionalidad.

Tendrás que invertir mucho en tu formación para mantenerte en la cresta de la ola y distinguirte de los improvisadores, pero si realmente te dedicas a ello, en un año ya podrás ver los resultados.

12. Gladwell, M., *Fuera de serie: Por qué unas personas tienen éxito y otras no*, Debolsillo, Barcelona, 2018.

Las especializaciones y las competencias adicionales

Al igual que existe el médico de cabecera y luego el especialista, el doctor al que se acude cuando se tiene una necesidad concreta y se quiere contar con la opinión de un profesional altamente cualificado en la materia, de la misma manera podemos ser un gestor de redes sociales, pero especializarnos en un área vertical de esta disciplina.
En este caso, se trata de una especie de «especialización dentro de la especialización». Porque si bien es cierto que el gestor de redes sociales analiza, planifica, monitoriza y gestiona operativamente en la mayoría de los casos y, en especial, cuando hablamos de pequeñas empresas, no lo es menos que puede optar por centrarse en una sola de estas áreas. Sobre todo, si trabaja para marcas más grandes o agencias más estructuradas. Como veremos, también puede especializarse exclusivamente en una o varias redes sociales. La elección depende de dos factores principales:

- **Predisposiciones y virtudes:** te resultará natural centrarte en lo que más te gusta y lo que mejor sabes hacer, ya se trate de moderar las conversaciones, analizarlas, gestionar campañas publicitarias o establecer un plan editorial. Depende de ti experimentar, escucharte, mirarte, entender en lo que más destacas e invertir en esa dirección.
- **Área en la que te gustaría trabajar**: en el contexto de las grandes agencias o de las grandes marcas, la posibilidad de que se pida un alto grado de especialización es muy alta, mucho más que en el seno de una pequeña oficina de marketing, para entendernos. También puedes optar por una especialización trabajando como autónomo, pero en ese caso, para garantizar unos ingresos estables, será esencial que levantes una marca personal y construyas una red que respalde tu trabajo.

Nuestras aspiraciones y aptitudes, unidas con el tipo de sistema en el que queremos actuar, determinan el tipo de especialización que perseguimos. Lo cual, por supuesto, no es obligatorio: podemos seguir siendo el médico de cabecera del marketing en redes sociales y seguir siendo excelentes profesionales. ¿De qué especializaciones estamos hablando? Aquí te presentamos las que más a menudo encontrarás y que están entre las principales.

Analista de redes sociales

Por lo general, se le define como el profesional que se encarga de la fase de análisis, tanto de las conversaciones por parte de los usuarios —por lo tanto,

está familiarizado con las distintas herramientas de seguimiento de redes sociales— como del rendimiento de la marca y de sus competidores en las redes sociales.
Esta figura no solo se encarga del monitoreo y de la elaboración de informes, sino que también transforma estos datos en acciones útiles para mejorar los rendimientos de la propia marca. Los que deciden emprender este camino suelen tener una excelente capacidad de análisis y les apasionan los números y la investigación[13].

Administrador de la comunidad de redes sociales

Se trata de quien gestiona, anima y modera la comunidad, el corazón de las cuentas sociales. Dependiendo del volumen de conversaciones que haya que gestionar, una marca puede tener uno o varios administradores de comunidad de redes y, como veremos más adelante, los procedimientos son de suma importancia para poder garantizarle una vida lo más serena posible.
Se trata del héroe que está en las trincheras, el que recibe las preguntas absurdas, los insultos, a veces las amenazas y siempre debe mantener la cabeza fría.
No solo debe estar dotado de una gran empatía, sino también de un interés genuino en la construcción de las comunidades, en las relaciones, en las conversaciones, y debe tener un gran sentido común y paciencia.

Administrador de contenidos en redes sociales

Es el profesional encargado de diseñar y publicar contenidos sociales. Además de conocer los rudimentos de la gramática, debe conocer al dedillo las dinámicas, los lenguajes y las herramientas de las redes sociales en los que opera. Debe saber crear publicaciones estratégicas y, al mismo tiempo, atractivas. No, autopublicar el mismo contenido en todas las redes sociales existentes no convierte a quien lo hace en gestor de redes sociales, sino todo lo contrario.
A menudo, pero no siempre, la figura del administrador de comunidades de redes sociales puede coincidir con esta.

Anunciante en las redes sociales

Especialmente en el caso de las marcas más estructuradas, a menudo el equipo o el profesional que gestiona las campañas publicitarias no coincide con los administradores de la comunidad, precisamente porque se requieren

13. https://www.socialmediatoday.com/social-business/rschuhmann/2015-10-03/what-it-takes-be-social-media- analyst (última consulta el 5 de junio de 2020).

competencias muy diferentes y específicas. Al contrario, a veces ocurre que las campañas se subcontratan a un profesional o a una agencia.
Esta figura se encarga de diseñar, publicar, optimizar, probar y analizar las campañas de publicidad en las redes y, por lo tanto, tiene una fuerte propensión hacia los resultados, el análisis y las pruebas.
De nuevo, en las empresas más grandes, esta figura no se encarga de la creatividad, que está a cargo de especialistas *ad hoc* —redactores, diseñadores gráficos, realizadores de vídeo—, sino únicamente de la gestión y optimización de las campañas.

Las competencias (y las experiencias) adicionales

A menudo, como hemos dicho, estas especialidades coinciden en una única figura, el gestor de redes sociales; que, incluso con más frecuencia, se equipara con el editor de redes sociales o el *community manager* o administrador de la comunidad.
Más allá de las definiciones, lo que importa es saber que el gestor de redes sociales es un ámbito en constante expansión y evolución y que especializarse puede ser una opción para destacar.
Entre otras cosas, porque uno puede apostar por una vertical... una red social, para entendernos.
Como ya he dicho, tras una cuidadosa fase de análisis y experimentación, hace casi diez años, tomé la decisión de especializarme en Facebook. Esta decisión se debió a dos razones principales:

- **afinidad**: era la red social en la que más tiempo pasaba, la que más me gustaba, la que más me fascinaba y en la que me sentía «como en casa»;
- **potencialidad**: ya se estaba produciendo el auge de la plataforma y, dadas las premisas y las peticiones que empezaban a llegar, supuse que podía ser la red social «líder del sector», la de mayores posibilidades de crecimiento y, por tanto, la de mayores peticiones de gestión/consultoría.

¿Es un riesgo apostar todo a una única red social? Al igual que es un riesgo tener un único cliente del que dependa toda tu facturación, porque —Google+ nos lo enseña[14]— estos entornos son muy cambiantes y su popularidad también lo es.

14. https://support.google.com/plus/answer/9195133?hl=en (última consulta el 5 de junio de 2020).

Y aquí llegamos a la cuestión fundamental: las competencias (y las experiencias) adicionales.

Un gestor de redes sociales no puede saber única y exclusivamente de redes sociales, o, peor aún, de una sola y única red, por dos razones muy sencillas: la primera es que, como veremos cuando hablemos de la parte estratégica, es necesario integrar las redes sociales en un horizonte más amplio, en el que se incluyan todos los canales, en línea y fuera de Internet, y los puntos de contacto con el cliente, para poder construir una experiencia homogénea y coordinada que lleve al usuario desde el conocimiento de la marca a la consideración de la misma hasta la conversión. Esto no es posible sin una buena comprensión de las dinámicas del marketing, del marketing digital y de cómo las redes sociales se integran con SEO[15], SEM[16], DEM[17], etc.

La segunda razón es de carácter puramente práctico: a no ser que decidas trabajar en una mega agencia/superequipo/gran marca, donde todo el mundo es un pequeño engranaje de un gran sistema, y por lo tanto, está ultraespecializado, no te bastará saber solo de redes sociales. En realidad, incluso trabajando para grandes marcas, lo dicho con anterioridad también se aplica a menudo.

No te saldrá a cuenta estar preparado exclusivamente para las redes sociales, ni en cuanto a la utilidad de tu CV ni en tu trabajo cotidiano, porque, como verás, se te pedirá una serie de competencias transversales, que varían según cada caso, como redacción, diseño gráfico, DEM, creación de blogs, relaciones públicas digitales, SEO, SEM, desarrollo. Sobre todo trabajando para pequeñas empresas, que son la columna vertebral de nuestra economía, a veces te pedirán que escribas artículos para el blog, que desarrolles propuestas visuales para las publicaciones, que envíes unos cuantos boletines de noticias, que montes un par de páginas de aterrizaje o quizás que te encargues de algunas campañas de Google Ads, que no rinden demasiado.

¿Hay que saberlo todo sobre todo? En absoluto, entre otras cosas porque a menudo los que saben hacer de todo no saben realmente hacer nada bien y,

15. SEO son las siglas de Search Engine Optimisation (optimización para motores de búsqueda). La estrategia SEO comprende las acciones realizadas para garantizar que un sitio web pueda ser encontrado en las páginas de resultados de un motor de búsqueda (SERPs) cuando se buscan palabras o frases relevantes para el contenido del sitio web.

16. SEM son las siglas de Search Engine Marketing. Es una forma de marketing en Internet que consiste en promocionar sitios web aumentando su visibilidad en las SERP, principalmente a través de la publicidad de pago.

17. DEM son las siglas de Direct Email Marketing. Es la actividad publicitaria en línea que se basa en el envío de un mensaje publicitario por correo electrónico a una lista preseleccionada de usuarios, denominada DEM.

a veces, detrás de las abundantes competencias esconden la misma cantidad de basura.

¿Necesitas obtener otras competencias complementarias y, en cualquier caso, seguir teniendo un conocimiento básico del mundo digital? Claro que sí, tu carrera depende de ello. A la hora de elegir las competencias complementarias, la sugerencia es que valorares tus propias pasiones, tus estudios, con una mirada puesta en las demandas del mercado.

¿Te apasionan los gráficos y la impresión en 3D? Dada la tendencia de los «filtros», podrías empezar por hacerte con Adobe Spark[18], seguir cursos y unirte a la creciente comunidad de creadores.

¿Te ha gustado escribir desde siempre? Combina tus competencias también las de redactor y tal vez podrías empezar con un blog, que es uno de los pilares de la marca personal.

Si tienes una formación técnica, el desarrollo de aplicaciones y de bots puede ser otro as en la manga, al igual que cultivar el conocimiento y la experiencia en Google Ads, si la publicidad es tu pasión.

Personalmente, estudié diseño gráfico como hobby durante años, realicé varios cursos de redacción de textos, de analítica, de marketing de atracción y, más recientemente, uno intensivo sobre automatización del correo electrónico, que se ha convertido en otra de mis grandes pasiones, conocimientos y competencias que integro en mi trabajo diario.

Dicho esto, evidentemente hay que desconfiar de los que buscan un gestor de redes sociales-SEO-redactor-especialista en CRM: se trata generalmente de empresas con una cultura interna pobre, que ni siquiera saben realmente lo que quieren.

Ábrete hacia otras perspectivas que puedan enriquecer tu profesionalidad y darte una visión más amplia, además de abrirte carreteras secundarias que podrían resultar muy interesantes en un mundo en constante evolución.

Así te encontrarás con la respuesta a una pregunta clásica —que, por cierto, me han hecho durante años—: «¿Qué harías si Facebook se derrumbara de repente sobre sí mismo, como un agujero estelar de inmensas proporciones?». Es el maravilloso mundo de la automatización del marketing, que sigo estudiando como una colegiala diligente.

18. https://sparkar.facebook.com/ar-studio/ (última consulta el 5 de junio de 2020).

Capítulo 2

La insoportable levedad de la marca personal

Érase una vez una chica con grandes esperanzas que vivía en una pequeña ciudad de la Toscana y que decidió emprender una carrera como gestora de redes sociales. Se puso en marcha con gran entusiasmo, pero poco después se dio cuenta de que tenía dos grandísimas dificultades:

- El empresario medio tenía poco o ningún conocimiento de la importancia de las redes sociales para el negocio, por lo que las veía como algo fácilmente manejable por su «cuñao» o, en todo caso, algo en lo que quería gastar poco.
- La chica quería salir de la provincia —aunque de todos modos le encantara, ya que había decidido vivir allí—, quizá llegando a empresas un poco más estructuradas, con más cultura y presupuesto para invertir en lo digital. Y no solo en una pequeña página-escaparate actualizada por última vez en 2004.

¿Cómo salir de este atolladero? Comenzó a estudiar e investigar, hasta que dio con el que sería su *modus operandi* para todos los años venideros: el marketing de atracción, o el método centrado en atraer a las personas hacia nosotros (*pull*), en vez de bombardearlas con constantes mensajes para hacerse notar (*push*). Consistía en darle la vuelta: captar y convertir a los clientes a través de contenidos de valor, ganar autoridad para ser elegido, «convertirse en el jardín al que las mariposas van espontáneamente en lugar de la red que intenta atraparlas de todas las maneras», por utilizar una expresión que le gusta mucho. Era fundamental educar al cliente —y volveremos a ello— para que entendiera el valor de su trabajo y también para que comprendiera que necesitaba una especialista como ella, que no podía hacerlo bien solo leyendo tutoriales o dejando sus cuentas en manos de su «hijo el pequeño».

La chica, entonces, se dio cuenta de que era necesario adquirir autoridad para ser elegida, para salir de la tristísima batalla de las tarifas, en la que siempre gana no el mejor, sino el más barato.
Generar contenido de valor, con constancia y competencia, podía ser la mejor manera de llegar a ese tipo de negocio de calidad que buscaba y, de esta manera, empezó un blog, dio un toque algo más institucional, sin dejar de ser personal, a sus propias cuentas sociales, comenzó a observar el panorama digital, a intervenir en los grupos del sector, a establecer relaciones de valor con otros colegas, pero también con empresarios y profesionales, escuchando, aprendiendo y poniendo en línea lo que sabía y aprendía.
Crear su marca personal le llevó tiempo, mucho estudio y mucha paciencia y, en determinados momentos, le entraron ganas de rendirse, sobre todo cuando no estaba de buen humor o no tenía tiempo para escribir. O cuando sus artículos y sus publicaciones no llamaban la atención de nadie.
Pero la construcción de una relación sólida requiere constancia, ¿verdad?
Por muy absurdo que pudiera parecer dar consejos gratuitos para adquirir autoridad y atraer a clientes de pago, la estrategia empezó a dar sus frutos. Llegaron los primeros clientes, pequeños empresarios que se habían dado cuenta de la importancia que podían tener las redes sociales en su actividad y querían ponerse en manos de una profesional que, a pesar de que aún no la habían visto en persona, sentían que era de confianza. Llegaron las primeras invitaciones a actos, luego las entrevistas, las amistades —maravillosas— con los más importantes exponentes de la escena digital italiana, más tarde clientes con los que nunca hubiera soñado trabajar.
La marca personal en línea, para mí, ha sido y es el motor de mi negocio. Mi estrategia como profesional, en un mundo en el que todos te bombardean para ser tomados en consideración consistió en *ser elegida*. Te digo esto porque explicarse y promocionarse en internet es fundamental para cualquier profesional, pero lo es mucho más para los que trabajan en línea.

El significado y la importancia de la marca personal

¿Qué es la marca personal? En palabras de un experto en esta actividad, Riccardo Scandellari[1], se trata de «la comprensión y la puesta en valor de las habilidades y cualidades personales mediante una comunicación adecuada a un público interesado». En este caso, en línea.

1. https://www.skande.com (última consulta el 5 de junio de 2020).

Hay en este mundo un montón de profesionales con grandes capacidades, pero son desconocidos o poco solicitados precisamente porque no saben poner en valor y comunicar su talento.
Al mismo tiempo, ¿cuántas personas conoces que saben venderse bien, pero en el fondo no son ni chicha ni limoná?
Tenemos que encontrar el camino de en medio adecuado, aprendiendo a explicar, en línea y presencialmente, nuestras competencias y experiencias y qué es lo que nos hace únicos.
La tendencia creciente es, además, la de ver a los empleadores y cazatalentos[2] estudiando las cuentas sociales de los candidatos para un determinado puesto de trabajo[3]. Con mayor razón aún si ese empleo tiene que ver con las redes sociales. Por no hablar de que cada vez más empresas se centran en la recomendación de los empleados[4], explicando los valores y las acciones a través de las cuentas sociales de su personal[5].
No cuidar tu marca en línea como gestor de redes sociales, en definitiva, es una lástima, además de un riesgo, sobre todo si tienes pensado desempeñar tu trabajo por libre.

Promocionarse para construir el futuro deseado

¿Por dónde empezar? La infografía propuesta en la figura 2.1 es sin duda un excelente punto de partida y un buen planteamiento para establecer tu propria estrategia.
Una vez que tengas claro quién eres, cuáles son tus puntos fuertes y cuál es el cliente al que te diriges —pequeñas empresas, medianas empresas, profesionales liberales, grandes marcas—, mi consejo es que crees un sitio web en el que puedas explicarlo.
Tal vez puedes complementarlo con estudios de casos/carteras de clientes y, por supuesto, un blog, donde puedas ofrecer periódicamente consejos, hablar de novedades y mostrar tus competencias.

2. Son los que eligen a los mejores candidatos para ocupar los puestos más altos.
3. https://www.quotidiano.net/cronaca/social-recruiting-1.4353023 (última consulta el 5 de junio de 2020).
4. Se trata de la promoción de una empresa por parte de los miembros del personal. Una política de recomendación de los empleados aspira a generar una exposición positiva y aumenta el conocimiento de una marca a través de las redes digitales o los canales fuera de línea. Recomienda los productos o servicios de una empresa a un amigo o familiar.
5. https://businessweekly.it/notizie/social-media-quando-i-dipendenti-sono-brand-ambassador (última consulta el 5 de junio de 2020).

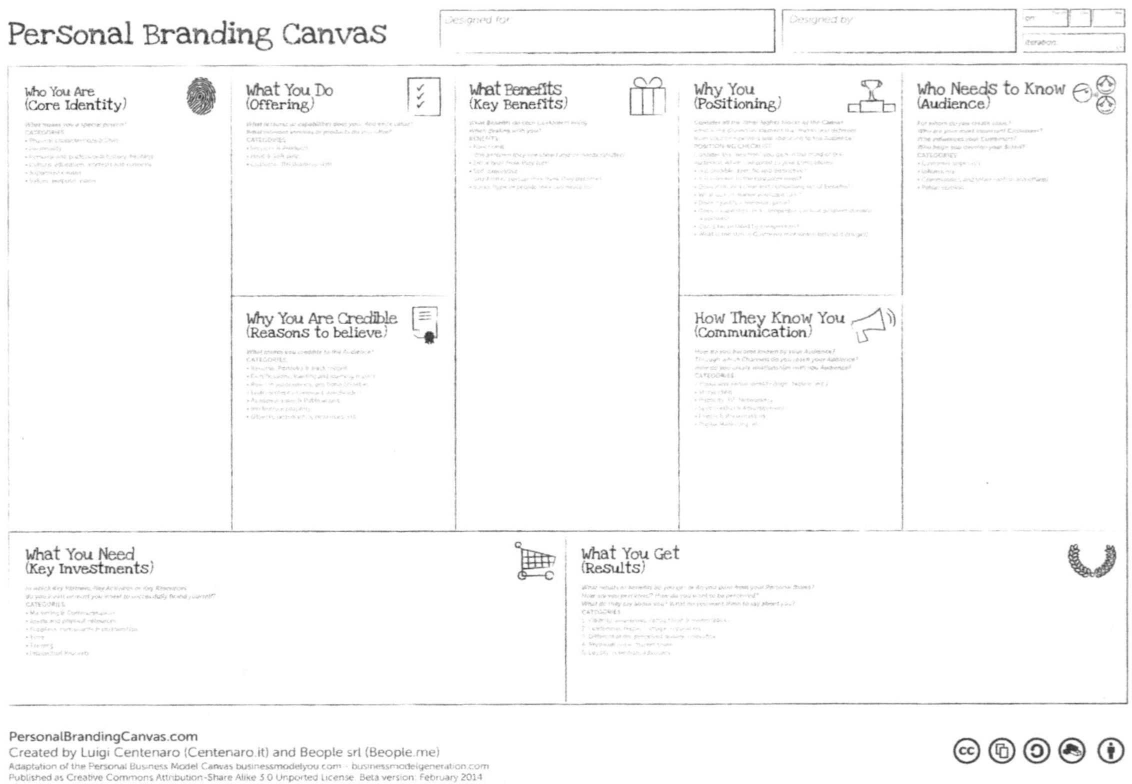

Figura 2.1 - Infografía sobre marca personal de Luigi Centenaro. Fuente: https://centenaro.it/2014/personal-branding-canvas (última consulta 5 de junio de 2020).

Obviamente, también tendrás que invertir tu tiempo y tu dinero en la apertura y gestión de cuentas sociales para las que tendrás que construir un plan editorial que ofrezca una imagen coherente de ti y, al mismo tiempo, proporcione contenidos estratégicos para perseguir tus objetivos. Objetivos que, al principio, serán indudablemente darse a conocer, promover tu consideración entre el público al que te diriges y adquirir contactos cualificados.

> *«Verás que aprenderás muchísimo solo con la administración de tus cuentas.»*

Este es tu primer banco de pruebas, verás que aprenderás muchísimo solo con la administración de tus cuentas. Recuerda que la coherencia y la constancia son fundamentales para obtener resultados, al igual que las pruebas y la creación de redes, tanto en línea como fuera de ella.

No olvides crear una lista de eventos del sector en los que participar: son cruciales para conocer a otros profesionales, aprender de ellos y forjar alianzas.

Descubrirás que saber promocionarte es un arte imprescindible, que debes conocer y perfeccionar si quieres tener éxito y, sobre todo, posicionarte como deseas, trabajando con el tipo de cliente que quieres y en las condiciones que tú definas.

Requiere bastante esfuerzo, sobre todo al principio, pero es el mayor regalo que puedes hacerte para construir el futuro que deseas.

Convertir las redes sociales en recursos de negocio (y diferenciarse de la competencia)

Ahora llegamos al *quid* de la cuestión: ser capaces de convertir estos espacios sociales, tan queridos por la gente, en recursos concretos para las marcas para las que trabajamos. Por «recursos concretos» entendemos fuentes de notoriedad, consideraciones de compra, realización de consultas, contactos, ventas.

Como dijimos al principio, para utilizar las redes sociales de forma adecuada, primero es necesario entender en profundidad —no solo conocer— sus dinámicas.

Tras años de observación, errores y éxitos en estos ecosistemas, tan frecuentados como mal comprendidos por muchas empresas, he reunido las *reglas de oro* que conviene seguir.

El compromiso

Cualquiera que sea tu objetivo de negocio, debe pasar a través del compromiso.
Tendrás la tentación, probablemente porque llevas en la cabeza los mecanismos de los medios de comunicación tradicionales o porque el propio cliente te lo pide, de convertir las cuentas sociales en una especie de escaparate, en el que publicar solo ofertas, productos y tristes reproducciones digitales de campañas de carteles o de folletos.
Tienes que hacer que se dispare una alarma: no debes hacerlo, porque es el camino seguro al fracaso.
La gente utiliza las redes sociales todos los días —y varias veces al día— para hablar de sí mismos, informarse y relacionarse. Entrar dando una patada en la puerta en su sección de «Noticias» con publicaciones autorreferenciales y descaradamente publicitarias es la mejor manera de que te ignoren, eso si no te «ocultan» directamente.
¿Significa esto que con las redes sociales no se puede vender? Por supuesto que no, pero para ello hay que respetar sus dinámicas.
Tenemos que implicar para poder convencer, dar a la gente una buena razón para seguirnos, leernos y tomar en consideración lo que ofrecemos mediate contenidos de valor y campañas dirigidas de publicidad nativa[6].
Pues sí, lo que hacemos en las redes sociales es publicidad nativa, tiene que introducirse bien entre la foto del primo que acaba de graduarse y la publicación del vecino que se queja de que el mundo es un lugar horrible. Si no, no funciona.

Las relaciones

Sea cual sea tu objetivo de negocios, las redes sociales nacen y crecen a través de las relaciones. Para crearlas se necesita atención, constancia y autenticidad: por ese motivo te decimos que si no te gusta la gente, si no eres un tipo empático, la gestión de redes sociales no es lo tuyo.
Las relaciones están en el corazón de las redes sociales: una de las mejores formas de alcanzar tus objetivos de negocios mediante estos espacios es crear una comunidad sólida, leal y activa. Para ello, se requiere una gran atención, constancia —como en cualquier relación que se precie— y una buena dosis de autenticidad.

6. Se trata de una publicidad que se corresponde con el contenido y la función de la plataforma en la que aparece. En muchos casos funciona como un anuncio y se manifiesta en forma de vídeo, artículo o editorial. La palabra «nativo» se refiere a esta coherencia del contenido con los demás medios que aparecen en la plataforma.

Los que tratan las redes de forma superficial, los que no se apoyan en estrategias y procedimientos sólidos, los que carecen de autenticidad y pecan de presunción, pensando que están tratando con una masa de imbéciles, es muy probable que acaben en el círculo infernal de los fracasados de las redes sociales[7], que cada año es más abundante.

El análisis de datos

No te fijes solo en el número de seguidores y de interacciones, define los objetivos y las formas de medición orientadas al negocio para medir su consecución.

Hay mucha gente, todavía y por desgracia, que sigue fosilizada solo en métricas de vanidad, como son el número de seguidores, de «Me gusta», comentarios y «Compartir»: no son métricas inútiles por sí mismas, pero deben ser contextualizadas e incluidas entre otros KPI[8] que nos permiten definir el impacto que las redes tienen en nuestro negocio.

Una métrica de vanidad, como afirma el empresario y consultor digital Tim Ferriss, es «good for feeling awesome, bad for action», es decir, «buena para sentirnos fantásticos, mala para la acción»[9].

Lo veremos cuando hablemos de la definición de los objetivos, pero por ahora baste con decir que es necesario analizar datos que nos permitan entender cuántas y qué personas nos han conocido a través de las redes sociales, qué impacto tenemos en términos de consideración, qué importancia tienen estos entornos para la atención al cliente, la captación de contactos, de clientes, la fidelización, etc.

Por otra parte, los «Me gusta» no pagan las facturas a final de mes, ¿verdad?

El conocimiento de los ecosistemas sociales

Cada red social tiene lógicas, lenguajes y formatos diferentes y necesita estrategias, herramientas y planes editoriales diversificados.

Mucha gente —incluso gente del sector, por desgracia— piensa que publicar el mismo contenido en todas las redes sociales es una idea muy buena, sobre todo porque permite ahorrar tiempo. Esta trampa resulta ser un error y, en realidad, esconde carencias mucho más profundas: a saber, el hecho de no conocer lo bastante los distintos ecosistemas (Facebook, Instagram, Linke-

7. https://www.veronicagentili.com/social-media-fail-2/ (última consulta el 5 de junio de 2020).
8. Son las siglas de Key Performance Indicator (indicador clave de rendimiento): es un índice del rendimiento de un proceso empresarial.
9. https://tim.blog/2009/05/19/vanity-metrics-vs-actionable-metrics/ (última consulta el 5 de junio de 2020).

dIn) para comprender que cada uno tiene lógicas, herramientas, lenguajes y, a veces, incluso fines diferentes. Y requiere publicaciones diferentes y, a menudo, planes editoriales completamente distintos.

Por supuesto, puede haber áreas de solapamiento y categorías similares, pero en general, cada una de las entradas que vayamos a publicar necesitará una personalización en términos de formato, texto, uso de etiquetas y las distintas funcionalidades propias de cada red social para que sea eficaz.

Hablar en nombre de la marca

Es fundamental analizar la identidad, la reputación y los objetivos de la marca antes de empezar a publicar.

Muchos autodenominados profesionales simplemente aceptan el encargo del cliente, reciben un par de directrices sobre lo que les gustaría publicar y se ponen en marcha con la actividad de la publicación.

Lo que distingue al administrador de cuentas sociales del gestor de marketing en redes sociales es precisamente el hecho de que el primero se limita a la parte «operativa», que puede hacer feliz al cliente en un principio, porque ve cómo la cuenta cobra vida, pero difícilmente aporta luego resultados concretos. El segundo, en cambio, analiza y, a partir de lo que aprehende, planifica una estrategia. Solo entonces comienza a operar.

El verdadero profesional, de hecho, sabe que lo primero es conocer bien la marca, ya sea grande o pequeña, para poder «hablar en su nombre» y comprender cómo está posicionada. También es fundamental conocer la reputación de la que goza, tanto en línea como fuera de ella, para saber en qué puntos fuertes debe centrarse y estar preparado, en caso de críticas, para intervenir.

El profesional sabe que el marketing en redes sociales forma parte del marketing general y, por lo tanto, es necesario coordinar sus acciones con todas las actividades de promoción y de comunicación que la empresa contemple, identificando cómo integrarlas para alcanzar los objetivos empresariales más amplios y no detenerse en la mera recogida de «Me gusta».

El presupuesto

Ten siempre previsto un presupuesto para la publicidad en redes: este consejo puede salvarte la vida y evitar que el cliente se queje por los escasos resultados obtenidos, especialmente en Facebook e Instagram.

Hoy en día, la norma es el *pay-to-play*, es decir, la publicidad de pago en las redes sociales. El alcance orgánico que te permitía llegar a la mitad y más de tu base de fans/seguidores es un recuerdo lejano, y si quieres crear una

comunidad activa, mantenerla, obtener contactos y ganar clientes o incluso simplemente ampliar la notoriedad de tu marca personal, solo tienes una opción: calcular un presupuesto mensual y distribuirlo estratégicamente, como veremos más adelante.
El cliente no tiene a menudo ni la más remota idea de las lógicas de las redes sociales, de cómo funcionan los algoritmos y de por qué una publicación solo es vista por una parte de los seguidores. De ti depende hacer que lo entienda y tener siempre un presupuesto para la publicidad en línea.
A menos que quieras toparte con el cliente decepcionado en la puerta, obviamente.

La reputación

Primero asegúrate de que tienes un producto/servicio que la gente quiere —o que podría querer— y una buena reputación, y luego piensa en las redes sociales.
Sucede que algunas marcas ven en las redes sociales la tabla de salvación para relanzarse o evitar la quiebra. A pesar de que en algunos casos las redes sociales han desempeñado un papel decisivo en la recuperación o en la suerte de una determinada actividad —baste con pensar en los casos de Pasta Rummo[10] y Pescaria[11], si nos limitamos a Italia— uno de los peores errores que podemos cometer, como profesionales y como empresarios, es no tener en cuenta la reputación que precede a nuestra marca. O, en el caso de iniciar una nueva actividad, no empezar con un plan de negocio y un plan de marketing sólidos: ha habido gente que se ha lanzado a abrir tiendas o eShops con productos fantásticos, solo para darse cuenta con posterioridad de que nadie los quería, o al menos no en su radio de acción.
Hacerse cargo de una marca con una pésima reputación, que no está haciendo nada por mejorarla, con una calidad de producto y un servicio posventa deficientes, y no conseguir ningún resultado con las actividades en redes sociales porque el boca oreja negativo en línea y fuera de ella la precede, es una trampa que hará que el gestor de redes sociales cargue con la responsabilidad de unos pésimos resultados. Lo mismo ocurre si se hace cargo de una empresa que fabrica productos o servicios que no tienen mercado.

10. https://www.corriere.it/cronache/17_aprile_08/pastificio-rummo-fallimento-evitato-salvato-social-l-alluvione-ae6262da-1c3e-11e7-a92d-71d01d371297.shtml (última consulta el 5 de junio de 2020).
11. https://www.gazzettadelgusto.it/aziende/pescaria-e-facebook-sodalizio-di-successo/ (última consulta el 5 de junio de 2020).

No quiero decir con esto que las redes sociales no puedan ayudar a relanzar una actividad: hay estrategias articuladas para ese objetivo que han dado grandiosos resultados. En el fondo, sin embargo, había un deseo de entender realmente cuál era el problema y de cambiar.

Si una empresa tiene problemas estructurales, si no hay un sólido plan de negocio que respalde sus decisiones, si viene precedida por una mala reputación y no hace nada para cambiarla, entonces quizá lo mejor sea resolver previamente este tipo de cuestiones y luego pensar en contar su historia y promocionarla a través de las redes sociales. Porque podría tener un efecto bumerán: contar cosas poco creíbles o edulcorar la realidad podría llevarnos a recibir muchas reacciones negativas.

Y, sobre todo, porque puede ser una enorme pérdida de tiempo y de dinero si la actividad no se apoya en un buen análisis de mercado, estrategia, planificación y... reputación.

La diversificación de los canales

No pongas todos los huevos en la misma cesta de las redes, te arriesgas a perjudicar al cliente y a ti mismo.

Las pequeñas empresas, sobre todo, suelen caer en esta tentación, porque parecen la fuente de visibilidad más barata, pero también ocurre con las marcas más estructuradas que, al no tener una idea clara de lo que es el *customer journey*[12] (la experiencia del cliente) y no haber trazado el recorrido de los suyos, deciden invertir en línea solo en las redes sociales y, como mucho, en un sitio web escaparate.

No hay nada más equivocado.

La última vez que planeaste un viaje, ¿corriste directamente a la agencia y lo reservaste? ¿O tal vez primero buscaste la inspiración en las redes sociales, informaciones en Google, opiniones en sitios web y blogs especializados, para hacerte una idea? ¿Y la última vez que reservaste un restaurante? ¿No me digas que no «echaste un vistazo» primero a las reseñas en Tripadvisor o Google My Business?

Según una investigación publicada en 2018 y realizada por Google CEE e IPSOS en dieciséis países diferentes[13], el recorrido que lleva a los consumidores a comprar hoy en día es cada vez más complejo. Analizando el de cua-

12. https://www.thinkwithgoogle.com/intl/it-it/risorse-di-marketing/glossario-marketing/journey-fasi-del-percorso-del-consumatore/ (última consulta 5 de junio de 2020).

13. https://www.thinkwithgoogle.com/intl/en-cee/insights-trends/research-data/study-reveals-complexity-modern-consumer-paths-purchase-and-how-brands-can-make-inroads/ (última consulta 5 de junio de 2020).

tro categorías diferentes de productos y servicios, de cuatro mil doscientos usuarios se descubrió que los puntos de contacto —*touch*— para llegar a la conversión eran una media de 2,8 y, en casi todos los casos, la experiencia del cliente comenzaba con una búsqueda, ya fuera en Google, en YouTube o directamente en la propia tienda.

En algunos casos, como veremos, las redes sociales pueden ser un excelente aliado para estimular la demanda latente hacia un determinado producto o servicio; en otros, sirven para acompañar la compra; y en otros, definitivamente, para mantener la relación con el cliente, llevándolo a comprar de nuevo. Por lo tanto, las redes sociales tienen un papel cada vez más importante en este viaje[14], pero rara vez —o tal vez nunca— llegan a ser el único canal que lleve al usuario desde el descubrimiento hasta la consideración de la compra de algo.

Es un error que las pequeñas empresas cometen a menudo: pensar que una página de Facebook o una cuenta de Instagram es suficiente para tener presencia en línea y cerrar el círculo, cuando en realidad no existen cuando el usuario busca precisamente los servicios/productos que ofrecen, sin tener sus propios blogs, SEO, Google Ads, Google My Business. Pierden la comparación cuando el mismo usuario compara las reseñas o lee las opiniones en los distintos sitios más o menos especializados, Tripadvisor, Booking.com, foros y comparadores en línea, por citar solo algunos ejemplos.

No te presentes como el único canal de comunicación y de promoción de ninguna marca, sea grande o pequeña, porque si la cosa sale mal —lo que es probable, si no se toman otras iniciativas y no se evalúan otros canales y estrategias— la culpa será tuya.

Cada sector tiene su propia experiencia del cliente y cada uno de ellos tiene diferentes puntos de contacto: no siempre es posible abarcarlos todos, pero confiarlo todo a las redes sociales puede ser un error fatal.

La jungla de las tarifas

Partamos de la base de que, a lo largo de los años, asesorando a cientos de pequeñas y grandes empresas, he visto de todo.

Hay quienes piden cincuenta euros al mes por gestionar dos cuentas sociales y quienes piden mil quinientos; quienes con quinientos euros al mes publican un máximo de dos posts a la semana en Facebook —y el material lo tiene que aportar el cliente— y quienes con doscientos hacen también las fotos,

14. https://blog.globalwebindex.com/marketing/why-social-matters/ (última consulta el 5 de junio de 2020).

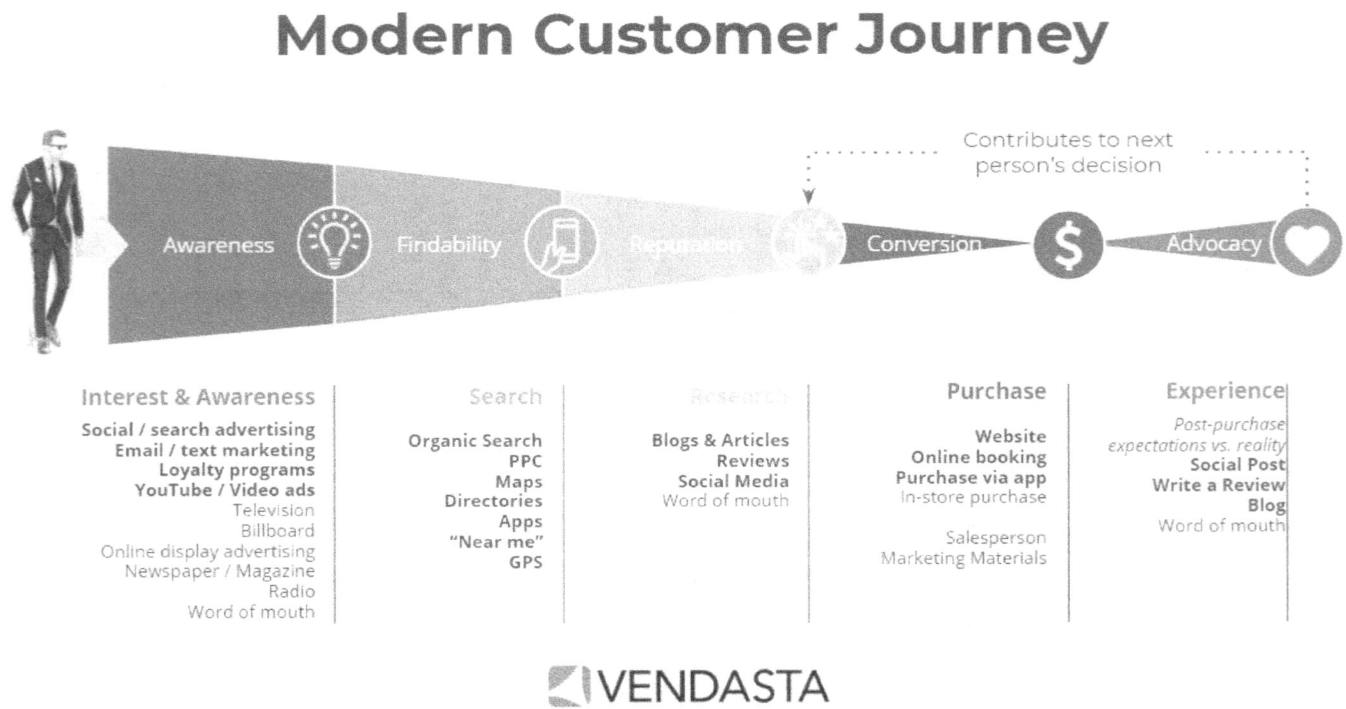

Figura 2.2 - La experiencia del cliente moderno. Fuente: https://www.vendasta.com/blog/following-modern-customer-journey (ultima consulta el 5 de junio de 2020).

los vídeos, la edición y quizá un par de artículos del blog a la semana. Tratar de «adivinar» la competencia de alguien a partir de las tarifas que tiene es una apuesta muy arriesgada, por no hablar de que no tenemos una lista de precios en la que inspirarnos, sino solo lo que hacen nuestros colegas, de cerca y de lejos. De ello se desprende que no es nada fácil manejarse en el mundo del marketing en redes sociales y entender cuánto es justo cobrar por este tipo de servicios. Se complica aún más por el hecho de que a menudo no se trata solo de administrar la comunidad de la página y las campañas, planificar y publicar contenidos, sino toda una serie de servicios auxiliares, como la creación de vídeos, el desarrollo de páginas de aterrizaje, el envío de boletines informativos o la presencia en eventos.

En resumen, las preguntas más frecuentes son parecidas a estas: «¿Cuánto es justo pagar por un servicio de gestión de medios sociales? ¿Cuánto se cobra como gestor de redes sociales?». Personalmente, he adoptado un método: tomar en consideración una serie de factores que, al unirlos, van a definir el precio apropiado. Veámoslos juntos.

Qué y cuántos servicios prestar

El primer aspecto que se ha de tener en cuenta se refiere a los servicios que deberían incluirse en el contrato, entre otras cosas porque no es infrecuente encontrarse con acuerdos de gestión mixtos, en los que a lo mejor el cliente —u otro proveedor— puede encargarse de la atención al cliente, hay terceros que se encargan de las campañas publicitarias o el material a publicar lo proporciona el propio cliente, lo que supone menos trabajo para nosotros.

Recapitulando, en términos generales, entre las actividades realizadas por el gestor de medios sociales se incluyen:

- **Análisis, definición de objetivos y planificación de una estrategia orgánica y de pago**: elaboración del plan de redes sociales, fundamental para empezar con buen pie. Como profesional, es un servicio que se cobra de una sola vez, ya que también requiere horas de trabajo. Es un error darlo por hecho empezando a publicar de inmediato, pero tampoco es correcto no cobrar por el trabajo realizado.
- **Diseño de un plan editorial, creación y programación de las publicaciones**: hay que definir si los contenidos, es decir, las publicaciones en el blog, los vídeos, las imágenes y las distintas creaciones son proporcionados ya preparados para su uso por el cliente o si tienen que ser creados *ad hoc* por el profesional.
- **Gestión y moderación de la comunidad**: monitoreo de los comentarios y de los mensajes y clasificación o gestión directa de los mismos.

Pueden requerir unos pocos minutos al día o llegar a ocuparnos unas horas.

- **Análisis, diseño, puesta en línea, optimización de las campañas publicitarias y creación de los anuncios** (texto e imágenes/vídeos, ¿los proporciona el cliente o los realizas tú o tu equipo?): esto incluye Facebook Ads, Instagram Ads, LinkedIn Ads, etc.
- **Análisis, optimización y elaboración de informes**: actividades que se entregarán, por regla general, una vez al mes o trimestralmente, en función de los acuerdos.

Todos estos elementos pueden suponer unas pocas horas de trabajo al mes, o muchísimas. De hecho, no es lo mismo seguir una comunidad de una empresa local con unos pocos cientos de usuarios que gestionar la de una marca con miles o decenas de miles de miembros activos, que tal vez utiliza Facebook o Twitter como canal de atención al cliente y, por tanto, recibe numerosas preguntas cada día.

La gestión de las consultas, las interacciones y la moderación de los comentarios es una actividad que requiere mucho tiempo y es una de las primeras que hay que tener en cuenta a la hora de elaborar un presupuesto de marketing en redes sociales.

Realizar campañas mensuales «de continuidad» para adquirir interacciones, tráfico y contactos por unos pocos cientos de euros en una única plataforma no tiene el mismo impacto que tener que distribuir miles de euros cada mes en campañas a través de varias plataformas y con diversos objetivos. Incluso con una constante rotación de la creatividad.

Después de haber gestionado para algunas marcas varias campañas de generación de oportunidades y de ventas por importe de miles de euros, te garantizo que el lanzamiento, la ampliación y la optimización de las campañas pueden requerir bastantes horas a la semana.

> *«El lanzamiento, la ampliación y la optimización de las campañas pueden requerir bastantes horas a la semana.»*

Hacer, en definitiva, un presupuesto estándar para todo tipo de clientes sería una operación kamikaze. Ten en cuenta, además, que si trabajas como autónomo probablemente no puedas cubrir todas las áreas de trabajo requeridas por el cliente (redacción de novedades, diseño gráfico, realización de vídeos, quizás SEO, SEM, etc.). Si no quieres vender humo, te recomiendo que establezcas alianzas con otros profesionales de confianza que puedan ofrecerte apoyo en función de las demandas y a los que naturalmente tendrás que tener en cuenta a la hora de elaborar el presupuesto, como veremos más adelante.

Tiempo, costes y experiencia

El activo más valioso de todo profesional —y de todo ser humano, en realidad— es el tiempo. La forma de optimizarlo y de gestionarlo determina tanto la calidad de vida como los ingresos a final de mes. Es de ahí de donde hay que partir a la hora de determinar un presupuesto.

Cuando debas decidir cuánto vas a cobrar, has de tener en cuenta tres aspectos en especial.

1. Tiempo requerido al mes

Tras un primer análisis de las cuentas del cliente —imprescindible para hacer un presupuesto personalizado y diferenciarse del chapucero de turno— y después de haber examinado las exigencias y necesidades del mismo, puedes hacerte una idea de cuánto tiempo requiere la actividad y, en el caso de las agencias o de los trabajos repartidos entre varios profesionales, cuántas personas están involucradas.

Si se trata de una marca que recibe muchos mensajes y comentarios, tendrás que calcular el tiempo que tendrás que dedicarle semanalmente a la hora de elaborar un presupuesto; si, en cambio, se pide la gestión de varias presencias en redes y/o muchas publicaciones diarias —por ejemplo, en el caso de una revista/periódico— habrá de tenerse en cuenta una actividad diaria de recopilación y publicación de noticias.

Por otra parte, también es diferente si se trata de una gestión híbrida, en la que quizá el cliente y su equipo se ocupan de responder a las consultas y tú solo publicas los posts y anuncios; u, otra posibilidad, menos costoso es el caso de empresas muy pequeñas que generan muy pocas peticiones de información al mes y requieren la publicación de un par de posts a la semana con bajo impacto creativo. Es muy importante el número de presencias en canales sociales que hay que gestionar, cada uno con sus propias especificidades, su plan editorial y sus formatos.

2. Costes y servicios adicionales

Cada cliente necesita diferentes servicios y habilidades adicionales, por lo que también puede que se te pida que produzcas vídeos, hagas fotos, crees publicaciones en blogs, gestiones boletines de noticias o simplemente proporciones una suscripción a una herramienta concreta o a una base de datos de imágenes de archivo. Tendrás que valorar e incluir estas actividades y costes en tu cuota mensual —y en el tiempo dedicado— también tales actividades y costes o, eventualmente, el coste adicional por la participación de otro profesional/agencia.

3. Experiencia

Hay que pensar en una tarifa horaria acorde con la experiencia de cada uno y calcular un número hipotético de horas dedicadas al cliente para elaborar un presupuesto sensato. Si estamos empezando o llevamos poco tiempo trabajando en este campo, evidentemente no podemos pedir ochenta euros por hora; pero tampoco podemos infravalorar nuestra profesionalidad pidiendo veinticinco si contamos con años de experiencia, clientes, cursos y especializaciones a nuestras espaldas. El cálculo es muy diferente, además, para los asalariados y los autónomos[15].

La cosa no acaba aquí, porque entre otros elementos a tener en cuenta están también el régimen fiscal en el que nos encontramos, el contexto social y económico en el que operamos, la tipología del cliente y la duración del contrato: en una pequeña ciudad de provincias seguro que no podremos proponer las cifras que pediríamos en Milán, por ejemplo. En los contratos de larga duración, solemos hacer descuentos precisamente para animar a firmarlos, y una microempresa no puede permitirse el presupuesto de una grande.
El sentido común y el conocimiento del contexto en el que se opera, en definitiva, también deben desempeñar su papel.

La estimación ideal

Basándome en la experiencia, puedo decir que el abanico de demandas de honorarios es muy amplio.
Una actividad profesional de gestión de redes sociales puede oscilar entre doscientos cincuenta y mil quinientos euros al mes. En el extremo más bajo nos encontramos con la empresa muy pequeña que ya aporta la creatividad —generalmente, imágenes y vídeos— y que quizá requiera la supervisión de una única presencia en redes sociales, la publicación de un par de posts a la semana y una moderada gestión de campañas publicitarias. En el otro extremo encontramos una marca más estructurada, con la gestión de dos o tres canales sociales, administración, gestión de mensajes, creatividad intensa —vídeos, historias, etc.— y campañas más complejas, con *retargeting*, generación de oportunidades, promociones periódicas.
Se trata, claro está, de cifras indicativas, que pueden variar considerablemente en función, como hemos dicho, del volumen de interacciones que se espera gestionar, del presupuesto que se invierta y de las eventuales activi-

15. https://www.fattureincloud.it/guida-freelance/quanto-come-farsi-pagare/ (última consulta el 5 de junio de 2020).

dades adicionales, como el marketing en tiempo real, la monitorización de las redes sociales, etc.

Hay que tener siempre presente que la gestión del presupuesto publicitario, especialmente cuando hablamos de Facebook e Instagram, es una actividad crucial y puede llegar a consumir mucho tiempo. Una cosa es hacer pequeñas campañas con un objetivo de interacción y otra con un objetivo de venta, a lo mejor en temporada de rebajas y en festividades (una forma de actuar que, como veremos al hablar de la distribución del presupuesto de redes, no es nada recomendable). Otro asunto es la gestión de presupuestos más amplios, quizá con objetivos precisos de volumen y costes de adquisición, para lo cual, a pesar de la gran ayuda que ofrecen los distintos sistemas de automatización, resulta importantísimo analizar, optimizar, escalar y probar.

En el caso de grandes presupuestos, muchos piden un porcentaje sobre el gasto, así como cifras variables para eventuales apoyos en producción de creatividad, traducciones, páginas de aterrizaje específicas.

Cada situación debe evaluarse cuidadosamente en función de la experiencia adquirida, así como del tiempo y del esfuerzo que serán necesarios.

Estar mal pagado nunca es una opción ganadora.

Si pides cincuenta euros al mes por cada cliente, no solo es casi seguro que ofreces un servicio de cuatro cuartos —o todo lo contrario: eres un benefactor y en ese caso utilizas otras formas de hacer el bien al prójimo— sino que también darás la impresión de un servicio de cuatro cuartos.

> *“Estar mal pagado nunca es una opción ganadora.”*

Por otro lado, cobrar miles de euros al mes por publicar cuatro posts y destacar cada uno de los mismos es igualmente erróneo e incorrecto. Sí, también hay de eso por ahí.

Para lograr que se nos perciba como verdaderos profesionales y respetarnos a nosotros mismos, tenemos que establecer una serie de parámetros basados en el coste a los que hará frente el cliente y una estimación del tiempo que se empleará. Esto también es muy importante para nuestra tranquilidad, porque sentirnos mal pagados y de algún modo victimizados por el sistema no es nada bueno. No solo para la calidad de nuestro trabajo, sino también para la calidad de nuestras vidas, que es aún más valiosa.

Como vamos a ver, una actividad clave para no caer en la cruenta batalla de las tarifas más bajas es educar al cliente: porque un cliente consciente es el mejor regalo que puede hacerse un profesional.

Capítulo 3

El variado mundo de los clientes

Paradójicamente, algunos aspectos aparentemente menores del oficio pueden resultar mucho más difíciles que cualquier actividad estratégica u operativa. Entre ellos se encuentra la gestión del cliente.

Hay clientes maravillosos, sin duda, y esperemos que los encuentres; pero también hay clientes arrogantes, que creen que saben más que tú e imponen sus propias ideas. Son los que nunca respetan las entregas, los que te escriben a las dos de la madrugada porque han tenido una idea para una publicación o los que, sin avisarte, periódicamente publican «cosas» en las cuentas de la empresa. Engendros, en muchos casos.

Podemos encontrar clientes que no pagan, que te confunden con su psicólogo y te involucran en interminables llamadas telefónicas que desembocan en problemas existenciales, haciéndote perder un montón de tiempo. Al igual que hay también personas que te contratan y que te ven como la última rueda del engranaje, como el chico/la chica que se quema las cejas en las redes sociales y al que ni siquiera escuchan cuando habla. Hay, en definitiva, de todo.

Si aprendes a hacer que te elijan a ti y a elegir tú, en *primer lugar,* los clientes adecuados, si estableces eficazmente la relación, los límites y los procedimientos que hay que seguir, ya tienes la mitad del trabajo hecho.

No solo tus estrategias en redes sociales tendrán más posibilidades de éxito, sino que tu calidad de vida también se verá enormemente beneficiada.

En este capítulo vamos a abordar la gestión de clientes en su totalidad: desde la E de expectativas —que debemos aclarar desde el principio para evitar penosas discusiones o incluso el terrible riesgo de «no te pago porque no me has aportado los resultados que quería»— hasta la R de responsabilidad, la tuya.

Si el cliente[1] te hace pasar por un infierno, ocho de cada diez veces es por culpa tuya, hay que decirlo, a despecho de este mundo cruel que siempre pone en nuestro camino a las personas equivocadas. Precisamente porque es importante saber elegir a los clientes y establecer un determinado tipo de relación. Teniendo en cuenta que, si se te ha adjudicado este conflictivo personaje sin posibilidad de respuesta, está meridianamente claro que no has sido tú quien se lo ha buscado. Pero ¿estás seguro de que quieres trabajar así?

La gestión del cliente

Como ya he dicho, cuando me piden que explique de forma sencilla mi trabajo, digo que me dedico a hacer que las redes sociales sean recursos reales para las marcas. Intento desplazar el enfoque de lo que hago —diseñar planes editoriales sociales, gestionar Facebook Ads, programar publicaciones, analizar los rendimientos— al beneficio real que aporto a mis clientes.

De hecho, esto es también lo que tenemos que hacer para atraer la atención de los usuarios en las redes: hacerles entender cómo, mediante nuestros productos y servicios, respondemos a sus necesidades y deseos.

Todavía hay mucha confusión con respecto a la utilidad de las redes sociales y a lo que realmente pueden hacer por las marcas. Por lo tanto, es de suma importancia explicarle al cliente qué es lo que hacemos —y no solo una vez, sino durante todo el tiempo que dure la colaboración— e implicarlo en nuestro trabajo. Si dejamos claro lo que implica nuestra actividad en términos concretos, y que no se trata simplemente de gestionar la página de Facebook, sino de analizar, diseñar, configurar, optimizar y monitorizar, aumentamos las posibilidades de que se entienda su valor.

Al implicar al cliente —o a nuestra persona de contacto— aumentamos nuestras posibilidades de éxito. Porque, al final, sin un mínimo de conocimiento y de «alma» por parte de la marca, cualquier contenido corre el riesgo de resultar anónimo y muy poco eficaz.

Veamos con más detalle cuáles son, en mi opinión, las reglas para una relación serena y eficaz con los clientes, que sea fruto no solo de los aciertos, sino también de los errores.

1. Por comodidad, nos referimos al «cliente» como la persona, o personas de contacto para llevar a cabo las actividades sociales, ya sea el equipo de marketing, el director de marketing, el director general y/o el empresario/profesional que te ha encomendado la tarea.

Por qué formar e in-formar

He tenido la oportunidad de oír hablar de ciertas prácticas llevadas a cabo por agencias y por colegas, que defendían que había que informar al cliente lo menos posible de las actividades. De lo contrario, se corría el riesgo de que, con todos esos conocimientos, decidiera ir por libre y, en cualquier caso, cuanto menos supiera, mejor. Una especie de «velo de niebla y misterio» en torno al trabajo realizado, con muchas iniciativas poco profesionales y poco éticas como corolario: por ejemplo, la apertura de cuentas sociales y/o publicitarias a nombre del profesional/agencia sin posibilidad alguna de acceso (o con una posibilidad muy restringida) para el cliente.

También he visto marcas muy estructuradas que reciben una especie de informe mensual sobre sus actividades publicitarias, sin tener acceso a la cuenta publicitaria utilizada para promocionar su marca, en la que invierten decenas y decenas de miles de euros cada año.

¿Estamos de broma?

Una actitud así solo puede provenir de un profesional de pocas tablas, que sabe tan pocas cosas que teme convertirse, una vez que las comparte, en una pieza innecesaria. O es el miedo de quien piensa que está tratando con una especie de cliente superhéroe que absorbe todo el conocimiento —y la experiencia, sobre todo— de la persona que tiene delante simplemente observándola, evaluando su trabajo y escuchando algunas explicaciones, convirtiéndose así en algo inútil.

¿Crees que puedes convertirte en un maestro de la cocina porque has leído un libro del chef Ferrán Adriá? ¿En un gran dietista porque el tuyo te ha explicado la dieta que te propone y el motivo por el que debes dejar de atiborrarte de comida basura? Es decir, ¿realmente crees que el hecho de que tu cliente sea más consciente y esté más informado sobre lo que haces puede convertirlo en un gestor de redes sociales en unos pocos meses? ¿Crees que concienciar e implicar a tu cliente puede perjudicarte de alguna manera?

Personalmente, he publicado cientos de entradas en las redes sociales y artículos en línea y solo me ha granjeado beneficios. Los clientes siempre han participado en las distintas fases del trabajo y siempre se les ha explicado lo que estábamos haciendo y por qué lo hacíamos. Como resultado, muchas de las empresas que se acercaron a mí y al equipo del que formo parte han permanecido con nosotros durante años, algunas han vuelto a implicarnos en otras actividades, incluso cuando el proyecto para el que fuimos contratados había terminado.

Has de partir de la base de que es necesario utilizar un lenguaje sencillo y comprensible. Una cosa es hablar con un director de marketing y otra con el dueño de una heladería: el primero, probablemente, aunque no siempre, tendrá más conocimientos sobre la terminología y las dinámicas sociales; y el segundo puede estar poco versado en el tema.

¿Qué significa formar e in-formar al cliente, concretamente?

Significa explicarle lo que las redes sociales pueden hacer por su negocio, cómo deben utilizarse de forma eficaz, haciéndole entender por qué, por ejemplo, no es fructífero publicar cada día un post de autopromoción como él pide. Es fundamental explicarle cómo se integran las redes sociales en la consecución de los objetivos empresariales, qué vamos a hacer y cómo tiene que apoyarnos.

Esto no significa tener que contarle operativamente todo lo que vamos a hacer: en ese caso se trataría de una verdadera sesión de formación, que se facturaría por separado, quizás con vistas a una gestión autónoma de las redes por su parte. Se trata de hacerle entender los pasos que vamos a dar y cómo va a participar en el proceso. Este tipo de actividad de explicación y de implicación no debe llevarse a cabo de una sola vez —por ejemplo, al principio de la relación profesional—, sino de forma continuada mientras dure esta, entre otras cosas, para garantizar la participación del cliente.

Informar a tu cliente y explicarle lo que haces es, además, una de las mejores inversiones que puedes hacer. Por tres razones muy, muy pragmáticas.

Para que se entienda el valor de tu trabajo

No debes ser visto de forma simplista como el que gestiona las páginas de las redes sociales, ya lo hemos dicho: eso sería abrir la puerta a una serie de escenarios muy desagradables, donde se te vería infravalorado, mal pagado y poco escuchado, y que, al cabo de un tiempo, pueden acabar con el cliente/jefe cansado y mandándote para casa.

Para que situaciones así no se produzcan, has de ser capaz de comunicar lo que haces, demostrando a quien tienes delante que son necesarias una preparación y una estrategia de estudio para poder obtener resultados, que estos no pueden improvisarse.

Para conseguir que el cliente participe activamente

Para tener éxito, hay que ser capaz de contar la historia de la marca y su alma, y para que ocurra, necesitas todo el apoyo y el saber hacer de quienes la representan.

También y especialmente en el caso de las pequeñas empresas.

Esto solo es posible dejando claro lo que tienes que hacer para alcanzar los objetivos requeridos.

Para frenar las demandas irrazonables

A todo el mundo le ha pasado que el cliente exige acciones equivocadas y contraproducentes. Como publicar un post superpromocional cada día, la foto del folleto que acaba de distribuir en el barrio —ni siquiera el PDF, exactamente la foto, socorro—, la imagen que acaba de robar en Google a quién sabe quién.

O, tal vez, ir a borrar todos los comentarios negativos, sin molestarse siquiera en comprobar su veracidad o responder. Por no hablar del tipo que, de vez en cuando, desafiando cualquier plan editorial, publica algo en la página sin avisarte, invariablemente algo muy poco estratégico y optimizado.

Si una persona no sabe absolutamente nada de un determinado ámbito, es muy posible que haga peticiones inapropiadas o, en todo caso, poco eficaces: pero nos corresponde a nosotros «educar» a nuestro referente sobre las dinámicas de estos espacios y lo que tiene sentido hacer y lo que no.

Para evitar que nuestras estrategias se vean completamente obstaculizadas.

Definir las actividades necesarias

Si hay algo que he aprendido a la fuerza es que una estrategia social rara vez puede funcionar sin la cooperación del cliente. Tanto desde el punto de vista de la aportación de contenidos como de toda la información necesaria para construir el plan editorial, la voz de la marca, el relato, los valores que debe encarnar, etc.

El gestor de redes sociales, el administrador de comunidades o quien se encargue de crear los contenidos es una especie de actor que interpreta el papel de la marca en las redes sociales y actúa como su portavoz.

¿Cómo puede hacerlo con eficacia si no conoce la marca? ¿Si nadie le explica qué personalidad tiene, cuál es su historia, a quién se dirige? ¿Si no sabe lo que hace que la marca, sus productos y sus servicios sean únicos? ¿Si no se le indican los objetivos a corto, medio y largo plazo?

Mucha gente cree que confiar la gestión de las cuentas de las redes sociales a un profesional significa olvidarse casi de ellas, pasar las contraseñas y marcharse. Excepto, más tarde, para acordarse del asunto y enfadarse cuando no se ven los resultados.

Por lo tanto, hay que dejar bien claro desde el principio que las cosas no funcionan así.

El marketing en redes sociales se hace en equipo y está estrechamente ligado a todas las demás actividades que gravitan a su alrededor: requiere una trayectoria, la aportación de conocimientos técnicos y una serie de retroalimentaciones que solo pueden proporcionar quienes se conocen la marca al dedillo.

Por no hablar de los materiales. Uno de los errores en los que se puede caer, sobre todo en las colaboraciones con pequeñas empresas, es no dejar claro a las personas de contacto —y, sobre todo, con insistencia— hasta qué punto es importante, en términos de plazos, que aporten los materiales (fotos, vídeos) y las promociones. El resultado es que, a menudo, los recursos que se van a publicar tardan semanas en llegar, eso si no lo hacen la víspera de la fecha límite. La consecuencia inevitable será un plan editorial plagado de agujeros y una serie de promociones dispersas aquí y allá, que resultan ineficaces y que se realizan con precipitación.

La participación activa del cliente, se trate de una marca pequeña o grande, es crucial para el éxito del proyecto y debe quedar clara desde el principio la importancia que tiene. Los mensajes que debemos transmitirles son los siguientes:

- **hay que trabajar en equipo para conseguir el resultado;**
- **pondremos toda nuestra profesionalidad y conocimientos a su disposición,** pero, para que funcione, es fundamental que se nos transmitan todos sus conocimientos técnicos necesarios y los recursos que se piden;
- **es muy importante que el cliente nos aporte retroalimentaciones y nos haga sugerencias** desde su conocimiento del sector, durante todo el tiempo que dure el proceso.

También hay que tener en cuenta la participación de varias personas u otros organismos/profesionales externos: hay que dejar claro desde el principio quién hace qué y en qué momento (son aspectos que luego definirás mejor con el plan de redes sociales y la política interna). De lo contrario, te arriesgas a que tu trabajo se vea perjudicado, porque lo que debería ser un engranaje importante de la cadena deja de funcionar. Es fácil decir: «No entrega el material a tiempo o no hace bien su trabajo» y esto, cuando se trabaja en equipo con varios sujetos externos, puede ser una gran dificultad.

Otra cuestión: ¿el cliente proporciona los vídeos? ¿Quién se encarga de informarte sobre las promociones anuales y los posibles materiales relacionados? ¿Las respuestas a las solicitudes las moderas tú/tu equipo o el equipo del cliente? ¿Quién escribe los textos y se encarga de la creatividad de las campañas?

Son aspectos que hay que aclarar desde el principio y sobre los que hay que *responsabilizar a la persona de contacto* desde el principio. De este modo podrás organizar el trabajo, no crear falsas expectativas y dejar claro lo importante que es su contribución para el éxito del proyecto.

Establecer expectativas realistas

«Ah, vaya, pues yo creía que, con un par de semanas de publicaciones en Instagram, llegarían unos cuantos clientes nuevos, en cambio, nada» o bien «Yo creía que con cien euros gastados en Facebook Ads, se venderían inmediatamente al menos unas treinta piezas, en cambio...».

No hay nada peor que un cliente decepcionado, que esperaba «dar la campanada» con las redes sociales y que se encuentra con resultados decididamente menos brillantes.

Ahora, por supuesto, ¿sabes de quién es la culpa de su decepción? No de él, sino tuya. ¿Sabes cuándo se convierte en suya? Si le has explicado lo que te voy a decir y te ha oído, pero no te ha escuchado.

En un mundo en el que aún no está del todo claro lo que se puede conseguir «en la práctica» gracias a las redes sociales, es responsabilidad del profesional sondear los objetivos y expectativas del cliente desde el principio. Y direccionarlos en consecuencia.

Entre otras cosas porque, cuanto más desconozca nuestra persona de contacto las dinámicas de estos espacios, más irracionales pueden ser sus aspiraciones. Solo hay que pensar en los que confían en el comercio electrónico productos que son de todo menos de compra impulsiva y creen que pueden vender bien con una página y unas pequeñas campañas en Facebook.

La consecuencia, en este caso, es también que se nos puede tachar de incompetentes porque, precisamente, no hemos sido capaces de gestionar de manera adecuada el proyecto en redes.

¿Qué hacer entonces? Nada más sencillo: una de las primeras cosas que hay que preguntar en la fase de entrevista, incluso antes de lanzarse a los proyectos y los presupuestos, es: «¿Por qué quiere estar presente en Facebook o Instagram, LinkedIn? ¿Qué resultados espera obtener en tres, seis, nueve meses?».

Dependiendo de la respuesta que te den, tendrás la oportunidad de ajustar el tiro. Depende en gran medida de la persona que tengas delante, de las competencias que tenga en el campo y de sus posibles experiencias previas.

Una de las respuestas más probables podría ser un genérico «conseguir más clientes» y, en ese momento, tendrás que valorar el sector, el grado de madurez de la marca y cualquier experiencia anterior que tengas con marcas similares. Si, por ejemplo, se trata de un negocio completamente nuevo, tendrás que dejar claro a tus interlocutores que primero tiene que darse a conocer para pensar más tarde en las ventas. Si se trata de una marca B2B, cuyo recorrido de compra es muy largo y articulado, nos tocará dejar claro que las redes pueden ser un apoyo en las distintas etapas, pero es poco probable

que podamos adquirir clientes de compra por impulso. En cambio, una serie de campañas orientadas a la generación de contactos sería probablemente la mejor solución para empezar a adquirir contactos con los que trabajar su transformación en clientes.
¿De cuánto tiempo estamos hablando? ¿De cuántos clientes? Si no tenemos un historial —nosotros como profesionales/agencias o el cliente— es difícil hacer predicciones fiables. Sin duda, tras un periodo de pruebas adecuado y con un poco más de datos, podemos avanzar en las hipótesis.
La cuestión es que las redes sociales, te lo digo por experiencia, no tienen el mismo potencial para todos los sectores y para todas las marcas. Tampoco tienen una idéntica centralidad en el recorrido del cliente en todos los casos y hay que valorar, caso por caso, en qué medida y cómo pueden servir de apoyo.
Identificar desde el principio las expectativas de los clientes y orientarlas hacia escenarios más realistas y probables es algo que te irá resultando cada vez más fácil, con el tiempo y a partir de la experiencia adquirida sobre el terreno, en los distintos sectores.

Ajustar la relación y la modalidad de contacto

Algunas personas pueden ser una pesadilla, es cierto. Y como los clientes, por regla general, se materializan en forma de personas, con sus virtudes y sus defectos, también pueden representar una pesadilla. Puede ser el cliente que te llama a las nueve de la noche de un sábado porque le ha venido una duda, o el que te manda un mensaje de WhatsApp a todas horas del día y de la noche, sea cual sea la idea que se le pase por la cabeza. O tal vez sea el tipo que te mantiene al teléfono cuatro horas a la semana, hablando de nada y quitándote un tiempo valiosísimo de tu trabajo.
En este sentido, hay dos cuestiones que hay que tener en cuenta.

- **Elegir los clientes**: algunos, lo veremos en breve, son verdaderas bombas de relojería, listas para estallar y acabar con tu tiempo, con tu cordura, e incluso con tu reputación. Aceptarlos puede ser un error monumental. Elegir con quién trabajar no debería ser un lujo (aunque al principio y en momentos especialmente difíciles es natural que no sea fácil), pero es algo que deberíamos aprender a ganarnos, si queremos trabajar bien y con serenidad.
- **Establecer, desde el principio, normas y modalidades de contacto.**

Dejemos claro que, si bien el gestor de las redes sociales tiende a sufrir el síndrome del superhéroe, no es un médico de urgencias de guardia permanente.

No tiene que estar siempre localizable las 24 horas del día, no tiene que responder obligatoriamente a clientes que escriben los sábados por la noche, ni tiene que moderar los comentarios a las dos de la madrugada. A menos que se especifique —y se le pague bien— en el contrato.

> «El gestor de redes no es un médico de urgencias de guardia permanente.»

Está muy bien hacer sacrificios, sobre todo en los primeros tiempos, pero tener como estilo de vida estar siempre a merced de las exigencias —y de los cabreos— de nuestras personas de contacto nos condena a un trabajo pesado, difícil de gestionar y plagado de momentos poco productivos.
Establece, pues, y define bien en el contrato:

- quién es la persona de contacto a la que debe dirigir sus consultas (¿directamente tú? ¿Su administrador de cuentas? ¿Tu ayudante?);
- franjas horarias y días de contacto;
- franjas horarias y días en los que están previstas actividades de administración de comunidades;
- modalidades de contacto previstas: además del correo electrónico, puedes poner tu número de teléfono, pero en este caso el consejo es que tengas uno de empresa y otro personal. También puedes utilizar otros canales, como Slack[2], Rocket.Chat[3] o Hive[4]. Ten cuidado de no elegir los que son demasiado personales. Fíate de mí: abrir un diálogo con los clientes vía WhatsApp con tu número privado puede resultar una trampa casi mortal.

También puedes optar por la modalidad «amigote», en la que le das a todo el mundo tus contactos privados, respondes a todas las horas del día y de la noche y a menudo trabajas fuera de las horas programadas y añadiendo tareas extra. Con algunos clientes realmente vale la pena: hay algunos a los que acabas cogiéndoles cariño al cabo de mucho tiempo de colaboración y haces todo esto sin darte cuenta, al igual que puede ocurrir con los clientes que consideras importantes.
Otros, sin embargo, no solo se aprovecharán de ello, sino que esperarán de ti siempre este mismo nivel de trabajo. En el peor de los casos, incluso sin reconocerte ningún mérito, haciendo que pierdas horas de trabajo por poco dinero y muchos incordios.

2. https://slack.com/intl/en-it/?eu_nc=1 (última consulta el 6 de junio de 2020).
3. https://rocket.chat/ (última consulta el 6 de junio de 2020).
4. https://hive.com/ (última consulta el 6 de junio de 2020).

Hay que tener sentido común en el trato con los clientes y eres tú quien debe definir los límites de tus relaciones laborales, valorando caso por caso cuándo merece la pena ir más allá de lo debido y cuándo no.

En general, si quieres trabajar bien —y sobre todo vivir con tranquilidad— establece siempre límites. Recuerda que no eres un médico de guardia las 24 horas del día, de lo contrario habrías elegido ese trabajo. La primera e indispensable regla para una colaboración fructífera es precisamente establecer reglas.

Anotarlo todo. Siempre

Verba volant, scripta manent[5].

Una de las principales lecciones que me enseñó mi padre sobre la gestión de las relaciones laborales es que, al final, lo que cuenta no son las palabras, sino lo que queda por escrito.

Por eso siempre hay que poner por escrito no solo la parte contractual y económica, sino también acuerdos, decisiones, peticiones y cambios. También es importante obtener cualquier posible aprobación, de nuevo por escrito.

Basta con un rápido resumen por correo electrónico al final de la llamada, un mensaje solicitando la confirmación de lo que se ha dicho verbalmente. Esto no se debe tan solo a que todos somos despistados. A menudo —y de forma errónea— realizamos varias tareas a la vez y, por desgracia, a veces no recordamos lo que se dijo solo unos días antes. Ya que hay quienes sacan provecho, siempre vale la pena poner negro sobre blanco las decisiones tomadas durante la llamada, sobre todo cuando se trata de temas importantes como presupuestos, cambios estratégicos, promociones.

También hay otra razón: por muy cuidadoso que seas, elegir a tus clientes, formalizar contratos y políticas a prueba de bomba, seguirás topándote con el clásico cliente que no coopera, no responde y no envía los materiales solicitados. Eso si no se queja más tarde de que no has cumplido con el compromiso esperado y por tanto, ay, utiliza esto como excusa para retrasar —o directamente no hacer— los pagos. En un caso así, no servirán como pruebas las llamadas a las que no contestó, pero quizás sirvan los distintos correos electrónicos, los mensajes y las comunicaciones que le enviaste para recordarle y pedirle lo acordado.

Con clientes listillos o no tan listillos, siempre te será útil tener una cronología de vuestras comunicaciones para mostrar el progreso del proyecto, cualquier cambio de rumbo y solicitudes de modificaciones.

5. https://es.wikipedia.org/wiki/Verba_volant_scripta_manent (última consulta el 25 de agosto de 2022)..

Las empresas: pequeños y grandes clientes

No es lo mismo tratar con pequeñas empresas que con grandes compañías: no se trata de que sean mejores ni peores, simplemente nos hallamos ante diferentes niveles de complejidad y diferentes exigencias, que requieren estrategias distintas. Teniendo en cuenta también que el panorama cambia en función de la zona en la que trabajas, por regla general puedes encontrarte con tres tipos de realidades[6].

- **Microempresas**: es el cliente típico. Es muy fácil de conseguir y representa el 90 % de las empresas europeas. Se trata de una pequeña empresa, con menos de diez empleados y un volumen de negocio inferior a los dos millones de euros al año. Va desde el peluquero del pueblo hasta el restaurante, pasando por el pequeño comercio electrónico de suplementos dietéticos. Puede ocurrir, sobre todo en las empresas más pequeñas de este segmento, que no se haya trazado estrategia digital alguna. De hecho, a veces, no hay ninguna estrategia de marketing y comunicación.
- **Pequeñas y medianas empresas**: van desde empresas con menos de cincuenta empleados hasta las que tienen hasta doscientos cincuenta. Su facturación oscila entre los dos y los cincuenta millones de euros. Estamos hablando de compañías mucho más estructuradas que a menudo llegan a comerciar fuera del país. Generalmente tienen estrategias muy bien definidas, aunque no siempre organizadas en el ámbito digital.
- **Grandes empresas**: con más de doscientos cincuenta empleados y cincuenta millones de euros de facturación anual. Nos encontramos con compañías mucho más grandes, a veces con varias sedes en todo el mundo y una serie de partes interesadas y accionistas a los que rendir cuentas. Se trata de empresas que, a menudo, suelen tener marcas muy conocidas que requieren una gran atención a los procedimientos y largos procesos de aprobación.

Cuando empecé este trabajo, comencé con las micro-micro-microempresas. La tienda de debajo de casa, para entendernos, el bar del barrio, el pequeño comerciante de ropa. Luego, con el tiempo, llegué a trabajar con multinacionales y marcas conocidas en todo el mundo. No se trata simplemente de tratar con clientes grandes o con clientes pequeños, sino de vérselas con

6. Para la definición oficial de micro, pequeñas, medianas y grandes empresas, puedes ver http://publications.europa.eu/resource/cellar/1bd0c013-0ba3-4549-b879-0ed797389fa1.0010.02/DOC_2 (última consulta el 6 de junio de 2020).

lógicas, problemas, prioridades y objetivos completamente diferentes. La pequeña empresa suele tener presupuestos muy ajustados, pero grandes expectativas, y una de las preguntas que podrás escuchar con mucha facilidad es: «Si invierto cincuenta euros en Facebook Ads, ¿cuántos clientes conseguirás para mi tienda?». La empresa estructurada está quizás acostumbrada a mediciones como el *brand lift*[7] y el *brand recall*[8], tiene generalmente presupuestos más elevados y, paradójicamente —salvo en el caso de campañas de muy alto rendimiento— mucho más fáciles de gestionar. Parece un contrasentido, pero suele ser así.

Para decidir si se publica algo con una marca pequeña, a veces basta con un «OK» por parte del propietario; para aprobar un contenido que se publicará en nombre de una marca importante pueden pasar días hasta que se complete la ronda de aprobación. En resumen, proponer los mismos servicios y tratar a todo el mundo de la misma manera sería un gran error, porque cada una de estas realidades tiene dinámicas diferentes. Me gustaría señalar que, por muy «grande» que sea la empresa para la que trabajas, es fundamental poner siempre el mismo empeño y la misma dedicación. Tanto si el cliente es un pequeño artesano como una conocidísima marca de moda, la diferencia no está —ni debe estar— en lo duro que trabajemos, sino en cómo abordamos y gestionamos los procesos, para desarrollar el trabajo lo mejor posible y, al mismo tiempo, satisfacer al cliente.

Veamos ahora los principales aspectos que hemos de tener en cuenta según el tipo de organización con la que se colabora.

Microempresas

¿Cuál es su objetivo para dentro de tres años? ¿Cuál es su plan de medios para este año? ¿Cómo les gustaría integrar Facebook en su estrategia de comunicación? ¿Cuál es el presupuesto de que dispone? ¿Quién es su cliente potencial? Y no me diga «cualquier persona de entre 3 y 65 años», por favor.

Al hacer estas preguntas al propietario/director de una microempresa, no te sorprendas si, como respuesta, solo encuentras un encogimiento de hombros, otra pregunta o simplemente un «no sé». Uno de los problemas con los que uno se encuentra a menudo en estos casos es la ausencia —o la muy vaga

7. Consiste en un aumento de la interacción con una marca tras una campaña publicitaria. Se utiliza principalmente para evaluar el impacto que la campaña en cuestión ha aportado a la marca y para identificar un cambio positivo en el conocimiento y la percepción de los clientes.

8. Se trata de una medición cualitativa de la relación de una marca con un tipo o clase de producto por parte de los consumidores. A menudo, la brand recall se suele comprobar mediante encuestas o entrevistas, en las que se hacen preguntas a los participantes como «¿puedes explicar qué es un Kleenex?».

presencia— de análisis, planificación y estrategias coordinadas. En la práctica, tendrás que trabajar mucho más y sacar o inferir algunas informaciones o hacer pruebas tú mismo, para validar tus impresiones.
Otra dificultad con la que puede que tengas que enfrentarte es la escasez de recursos, tanto humanos como económicos. Eso que significa que, si consideras que se dan las condiciones para trabajar juntos, tendrás que pensar en un plan sostenible a medio y largo plazo, tanto en términos de contenidos como de presupuesto. Ten en cuenta que, con toda probabilidad, no van a poder enviarte las diez fotos y vídeos a la semana que necesitarías; tampoco podrán presupuestar trescientos euros al mes para Facebook Ads, por lo menos hasta que les demuestres su valor. En el caso de las microempresas, hay que adoptar estrategias graduales, especialmente si carecen por completo de cualquier forma de marketing profesional en redes sociales.
Precisamente por tratarse en general de pequeñas empresas, tal vez de carácter familiar, no acostumbradas a seguir intercambios de recursos ni procedimientos organizados, será fundamental, desde el principio, dejar claro lo crucial que es para el éxito del proyecto la puntualidad en las comunicaciones y el envío de materiales. Será necesario, por otra parte, identificar a una persona de contacto y hacerla firmar, negro sobre blanco, que se compromete a enviar lo solicitado en los plazos previstos. En muchos casos, por desgracia, las mismas personas tienen que ocuparse de múltiples actividades en el seno de la empresa —administración, atención al cliente, relaciones públicas, contabilidad— y a las redes se las considera la última rueda del carro. Sí, es posible que oigas que te digan: «Lo siento, no puedo enviarle hoy el material para el post, publica otra cosa».
Aquí tienen gran peso las actividades formativa e in-formativa que hay que realizar con el cliente que hemos visto hace unas páginas. Por un lado, para sensibilizarlo y, por otro, para hacerle comprender que las redes sociales deben formar parte de una estrategia de comunicación y marketing más amplia para obtener resultados. Si no se ocupan de las reseñas en Tripadvisor, poco puedes hacer tú con las promociones; si quieren comprometerse con su comercio electrónico, una página de Facebook no es suficiente; si quieren darse a conocer en la zona, tal vez una campaña con carteles o folletos de apoyo sería ideal. A menudo, trabajar para una microempresa puede ser mucho más difícil y llevar mucho más tiempo que un proyecto para una empresa más estructurada: hay actividades constantes de seguimiento, formación, revisión y motivación que hacer con un cliente que a menudo está completamente alejado de la lógica digital. Por no hablar de que cada euro gastado tiene un peso importante para aquellos que no tienen grandes beneficios y, por tanto, la tentación de intentar la venta directa en frío es grande.

Depende de nosotros guiar a la pequeña marca hacia el camino correcto, construir un plan que la lleve a acercarse al cliente potencial, motivar su curiosidad y convertirlo. Sí, es posible que te pidan que seas director de marketing, pero también desarrollador, SEO, SEM especialista. Puede que incluso te pidan competencias en tipografía. Tenlo en cuenta. En parte porque puede que no quede claro lo que eres; en parte porque, a veces, en las pequeñas empresas todos están acostumbrados a hacer lo que hay que hacer. Define, pues, los límites dentro de los cuales puedes moverte de forma competente, sin vender humo y, sobre todo, sin estar mal pagado. Otro problema al que puedes enfrentarte es la falta de seguimiento: en las pequeñas empresas, sobre todo cuando no venden en línea, es difícil disponer de sistemas para rastrear el origen de los contactos y las compras, lo que hace aún más difícil demostrar el impacto real de las actividades digitales. Es necesario explicar al cliente la importancia de la recogida de datos, de las tarjetas de fidelidad —muchos comercios aún no tienen una base de datos de sus propios clientes, se limitan a tenerlos como amigos en Facebook— y también lo crucial que es entender de dónde proceden los clientes que llegan, a través de encuestas o incluso mediante el viejo y querido método de preguntárselo de viva voz y anotarlo. La microempresa es el tipo de cliente con el que tratan la mayoría de los gestores de redes sociales, precisamente porque es el modelo más frecuente. Sin embargo, con menos organización y, a veces, sensibilidad y responsabilidad hacia tu trabajo, puedes disfrutar de una libertad que los clientes más estructurados no te dan.

“Depende de nosotros guiar a la pequeña marca hacia el camino correcto.”

Las mejores pruebas —e incluso algunas de las mejores creatividades— las hemos podido llevar a cabo con estas pequeñas empresas, precisamente porque el proceso de aprobación es mínimo. Suelen estar gestionada por una sola persona: el propietario. Y, cuando se establece un vínculo de confianza, esto le da al gestor de las redes sociales mucha más carta blanca.

Pequeñas y medianas empresas

En este caso, suele haber más organización, hay más personas de contacto —o al menos más personas implicadas en las actividades de comunicación y marketing relacionadas con la marca— y es más fácil gestionar el proyecto.
A menudo hay más datos de los que partir, están más claras las ideas sobre los objetivos que se persiguen y ya se dispone de un conjunto de herramientas y estrategias activas; a pesar de todo, no es seguro que haya un buen conocimiento de las dinámicas de las redes sociales. De hecho, te sorprendería saber cuántos directores de marketing están al frente de marcas prestigiosas

sin tener la menor idea de lo que es un píxel o un público personalizado. Al ocuparte de este tipo de actividades, es más fácil que tengas que colaborar con una serie de figuras internas y externas. Por ejemplo, es posible que tengas que interactuar con la agencia/equipo interno que gestiona el sitio web para cuestiones relacionadas con el seguimiento, con los que se ocupan de la producción del material de vídeo y fotográfico, pero también con los diversos especialistas en SEO y SEM que participan en la coordinación de tus actividades. ¿Mi consejo? Intenta cooperar siempre. Evita las actitudes de diva o de mangante que intenta llevarse para casa otros servicios además del que ya hace. Humildad, flexibilidad, honestidad y amabilidad son las mejores herramientas, no solo para construir un equipo de trabajo que funcione, sino también para conseguir resultados y asegurarse el respeto y la confianza del cliente. Que es, no lo olvides, quien te renueva el contrato.

En estas actividades, la mayoría de las veces, los presupuestos son más consistentes. Por supuesto, también las peticiones de tu persona de contacto pueden ser mucho más precisas, sobre todo si hablamos de campañas de rendimiento. Intenta siempre evaluar la viabilidad de lo que te piden, no prometas cosas que no puedas cumplir e intenta distribuir el presupuesto de forma estratégica, no con un único objetivo (lo veremos con más detalle cuando hablemos del presupuesto publicitario). También hay que tener en cuenta que, a menudo, tendemos a pensar que trabajar con marcas más estructuradas significa automáticamente tratar con superprofesionales, pero no siempre es así: incluso —y sobre todo— en los niveles más altos es fácil encontrar gente que improvisa, personas que se han reciclado en nuevas funciones de las que sabe poco o nada, y jefes que hacen preguntas poco razonables o peticiones disparatadas. Es posible que escuches: «¿Seguro que no podemos enviar un mensaje privado a todos los que nos siguen en Instagram para informarles de la nueva promoción? ¿Seguro, seguro?».

Forma parte de nuestro trabajo saber gestionar las relaciones de forma equilibrada, aclarar lo que puede hacerse —recuerda, siempre por escrito, especialmente con los jefes— y definir, en la fase de contratación, cuál es nuestro papel y qué actividades recaen bajo nuestra responsabilidad.

Grandes empresas

«¿Trabajas con una marca muy importante? Vaya, qué suerte». Te lo dirán, ya lo verás. Para muchos, trabajar con los grandes parece un sueño, probablemente porque se imaginan una especie de paraíso en el que llueven presupuestos estratosféricos, creatividades increíbles, habilidades extraordinarias y retos divertidísimos. En realidad, no es exactamente así. Hay empresas que invierten presupuestos muy importantes, pero precisamente por lo que

representan hay que respetar procedimientos muy estrictos y procesos de aprobación que a veces son interminables. Tratar con las grandes marcas significa también tratar con sus políticas de empresa, que permiten que toda la gigantesca maquinaria funcione, representando un pequeño engranaje en un mecanismo mucho mayor. Por lo general, nunca hay una sola figura a cargo de las redes sociales, sino varios equipos/especialistas/agencias que se coordinan en las diferentes actividades, cada uno de ellos comprometido con el buen funcionamiento de su área competencial.
También hay que tener en cuenta que se nota la gran responsabilidad que tienes y el margen de error es en verdad muy bajo, precisamente porque suelen ser marcas muy populares. Es fundamental, por tanto, saber desde el principio qué actividades estamos llamados a desempeñar, en qué tiempos y cuáles son los *desiderata*. En estos casos los contratos suelen ser proporcionados por el propio cliente y son muy detallados. Por ello, hay que identificar a las personas de contacto y a quienes tienen autoridad para tomar decisiones y, sobre todo, no salirse de la norma: puede ocurrir, de hecho, que trabajen varias personas y organismos en el mismo proyecto. Que, por ejemplo, un equipo interno participe en la actividad de las redes sociales en lo que se refiere a la atención al cliente, una agencia en lo que se refiere a la gestión de las campañas, y otras partes internas o externas para la actividad de aportar creatividad, copy, publicación de contenidos, etc. Si otro profesional/agencia se encarga, por ejemplo, del copy, las sugerencias son bienvenidas, pero evitemos ir a robarles su trabajo o meter cizaña para poner al cliente de nuestra parte. No es correcto y además es ineficaz, aparte de increíblemente triste.
¿Es mejor, por lo tanto, trabajar en empresas pequeñas? En absoluto, se trata de retos diferentes, pero ambos absolutamente interesantes.
No olvides nunca que trabajar con grandes marcas requiere no solo experiencia, sino también mucha atención, tanto en la fase contractual como durante la gestión. Estás especialmente en el punto de mira de los usuarios.

La característica que las unifica

Lo hemos visto: el mundo de los clientes es tan amplio que un manual entero no bastaría para clasificarlos. Precisamente porque son seres humanos y, como tales, las facetas y colores de cada personalidad son múltiples. Según nos relacionemos con pequeños empresarios y grandes directivos, con profesionales que acaban de empezar y con directores generales de empresas muy grandes, las dinámicas suelen ser muy diferentes.
No obstante, recuerda que hay una característica que todos tienen en común: la necesidad de saber que se ponen en manos de la persona adecuada.

Capítulo 4

Gestor de redes sociales y presupuestos

Pocos años después de comenzar mi carrera en el marketing en redes sociales, una gran marca se puso en contacto conmigo para pedirme un presupuesto. Alborozada, al cabo de pocos días me subí a mi valiente trenecito y llegué a la sede central, donde me esperaban el director general, el director de marketing, el jefe de ventas y otra serie de directivos de la empresa, todos ellos seriamente empeñados en hacer que su marca, con sus mil oficinas territoriales adjuntas, desembarcara en Facebook.

Pasamos horas evaluando cuáles eran sus necesidades, cómo gestionar eficazmente la presencia de todas las sedes y cómo establecer una difusión eficaz y personalizada de los contenidos, qué debían incluir las políticas de buenas prácticas y cuáles eran los objetivos mínimos que se querían alcanzar, desglosados por etapas de progreso.

Todo muy bonito y electrizante, de verdad.

Salí de allí con una petición muy urgente de presupuesto, que debía enviar lo antes posible, para poder empezar rápidamente las actividades. En cuanto volví a mi base, empecé a trabajar en un presupuesto muy complejo, ya que incluía una serie de figuras de apoyo, gestores de redes sociales divididos por áreas y otras personas de acompañamiento. Lo que nunca olvidaré de aquella aventura es la llamada del jefe de ventas —o de alguien en su nombre—después de enviar el presupuesto, que empezó con una risa sarcástica y luego: «He leído el presupuesto. En serio, ¿está de broma?».

En mi afán por analizar, planificar y presupuestar, me había olvidado de preguntar un pequeño detalle —nada insignificante—: cuál era el presupuesto disponible o, al menos, cuánto tenían intención de gastar. Como mínimo, debería haber averiguado si tenían una idea aproximada de los costes de lo que tenían en mente, para comprobar su viabilidad, en vez de perder horas y horas en charlas inútiles y elaborar presupuestos que nunca se aprobarían. No sé, tal vez me esperaba que, siendo una gran marca, nada sería «demasiado». El hecho es que, a pesar de los cambios, recortes y supresiones posteriores, al final no se hizo nada.

Te he contado mi experiencia para transmitirte lo que aprendí de ella: no solo es importante, sino fundamental, hacer las preguntas adecuadas al cliente/contacto antes y después de firmar el contrato.

En primer lugar, para asegurarnos de que le hacemos una propuesta lo más cercana posible a sus *desiderata*, tanto estratégicos como pecuniarios. Y, después, para poner en marcha un proyecto realmente bien orientado y eficaz.

La entrevista con el cliente

Entrevistar a nuestro potencial cliente no solo da una impresión mucho más profesional e interesada de nosotros —¿tú te fiarías en un sastre que no te tomara las medidas para hacerte un traje?— sino que también nos permite aumentar exponencialmente las posibilidades de que nuestra propuesta sea aceptada.

Eso por no hablar de que las preguntas que haremos después, una vez firmado el contrato, y que nos permitirán perfilar un plan realmente orientado a los objetivos de la marca y con un rendimiento estratégico.

Las preguntas previas al presupuesto

En la primera reunión, para elaborar un presupuesto eficaz sin que la persona de contacto se sienta sometido a un interrogatorio, deberemos plantear las siguientes cuestiones:

- Una descripción general de la marca: ¿quién es, qué hace, qué vende, a quién se dirige?
- ¿Qué otros canales/estrategias tiene activos para presentarse y promocionarse? Carteles, anuncios de televisión, cuñas de radio, SEO, SEM, marketing de influencers...
- ¿Nombres y canales sociales de los competidores?
- ¿A qué redes sociales quiere orientarse? ¿Por qué?
- ¿Ya tiene una página de Facebook/cuenta de Instagram/otras cuentas sociales activas? ¿Con qué objetivos? ¿Qué resultados ha alcanzado hasta ahora? ¿Está satisfecho con los resultados obtenidos?
- ¿Ha activado ya los anuncios en las redes sociales? ¿Cuánto ha invertido? ¿Dónde? ¿Con qué objetivos? ¿Qué resultados ha alcanzado hasta

ahora? ¿Está satisfecho con los resultados obtenidos? ¿Cuánto está dispuesto a invertir? ¿Qué resultados quiere conseguir?
- ¿Quién quiere que participe en sus cuentas sociales: clientes, asociados, partes interesadas?
- ¿Qué servicios se necesitan? ¿Para qué redes sociales? ¿Gestión de campañas y/o elaboración de planes editoriales y/o gestión de comentarios y mensajes y/o monitoreo de redes sociales...
- ¿Quién es el responsable de proporcionar textos, material de vídeo y fotos? ¿Están a cargo de otros proveedores? ¿Corren por cuenta nuestra?
- Para todos los servicios solicitados, ¿cuánto piensa invertir? (Cuidado: no «gastar», sino «invertir»... las palabras son importantes.)
- ¿Está presente un gestor de negocios? Calcular la participación de este en los trabajos de creación, si es así.

Estas preguntas te permiten conocer la marca de forma general, entender sus expectativas, las experiencias pasadas y, sobre todo, qué actividades pretende que realices. De hecho, a menudo existe la tendencia a meter todo en el saco de la «gestión de la páginas» y esto es profundamente erróneo por dos razones: la primera es que, de esta manera, no logras que se perciba el valor del trabajo que tendrás que realizar; la segunda es que hay una gran diferencia entre hacer un presupuesto para una marca que te exige producir fotos, vídeos, textos, gestionar campañas y conversaciones para tres canales sociales y otra que solo te exige gestionar campañas y conversaciones.

Hay que profundizar bien en el presupuesto que el cliente tiene en la cabeza —también a partir de las experiencias previas— y luego aconsejar en qué invertir. También existe una diferencia sustancial entre trabajar en campañas de continuidad de fidelización y tráfico de la web y, en cambio, tener que gestionar miles —o decenas de miles— de euros en campañas destinadas a generar contactos o ventas: hay que tenerlo en cuenta a la hora de definir los servicios que proponemos y cuánto pedir por ellos.

También hay que tener en cuenta que, a la hora de la administrar la comunidad, hay que hacerse una idea de la cantidad de conversaciones que genera la marca en los distintos canales para los que requiere apoyo; hay cuentas sociales que, en parte porque se invierte poco presupuesto en ellas, en parte porque son de empresas pequeñas, generan pocas conversaciones a la semana; otras son un verdadero canal de atención al cliente, con constantes solicitudes de precios, informaciones, reservas, etc.

La primera reunión sirve para estudiarse mutuamente, pero también para orientar al cliente hacia los canales y servicios que necesita de verdad.

Tal vez llega con la idea de abrir un canal en TikTok e invertir quinientos euros al mes en campañas de compromiso en Facebook y, tras una conversación con el profesional —ese eres tú—, sale con la constatación de que tal vez un canal de Instagram se adapte mejor a su marca y a su público meta y que invertir también en campañas de generación de oportunidades de venta podría aportar muchos más beneficios que la mera recogida de «Me gusta», «Compartir» y comentarios.

Las preguntas sugeridas son solo una base, que te sugiero que amplíes como quieras, en función de lo que consideres que necesitas saber. Y, recuerda, toma siempre notas.

La cuestión es que debemos salir de esa reunión con las ideas claras sobre lo que hay que proponer al cliente potencial para alcanzar los objetivos requeridos. En algunos casos, tendrás que guiarle hacia posibles objetivos en los que no había pensado: y él debe estar convencido y satisfecho de haber encontrado un verdadero profesional.

Las preguntas posteriores al presupuesto

Evidentemente, hay preguntas mucho más detalladas que no tiene sentido hacer en la primera reunión, ya que sería una completa pérdida de tiempo si el cliente no acepta el presupuesto, mientras que son fundamentales para elaborar un plan de redes sociales eficaz y, sobre todo, un plan editorial estratégico.

La primera cuestión que hay que plantear, una vez firmado el presupuesto, es el acceso para ver la evolución de las distintas cuentas y gestionarlas posteriormente[1]. Entre las principales que te recomiendo que preguntes al firmar el presupuesto están las relativas a la estrategia y las que se refieren a las informaciones útiles.

Estrategia

- ¿Existe una biblia de la marca[2]? ¿Hay un documento que defina la imagen corporativa de la marca o, en todo caso, las directrices para contar su historia de forma coherente en los distintos canales? Hazte con ella.
- ¿Qué distingue a la marca de sus competidores? ¿Cuál es su propuesta exclusiva de venta?
- ¿Cuáles son las características demográficas, los intereses y las conductas de sus clientes potenciales?
- ¿Por qué la gente debería elegir sus productos/servicios? ¿A qué necesidades/deseos responden?

1. Por cierto, para los dominios Facebook utiliza siempre el Business Manager, https://www.veronicagentili.com/business manager-facebook (última consulta 6 de junio de 2020).
2. https://unreasonablegroup.com/articles/brand-bible/ (última consulta el 6 de junio de 2020).

- ¿Hay ya en la agenda promociones, eventos, ocasiones especiales para tenerlas en cuenta y ponerlas en el calendario editorial?

INFORMACIONES ÚTILES

- ¿Quiénes son las personas de contacto para la entrega de materiales y eventuales peticiones?
- ¿Es posible tener acceso a campañas anteriores para ver el historial y las perspectivas?
- ¿Se rastrean las actividades del sitio con el Facebook Píxel? ¿Y las conversiones?
- ¿Se rastrean las actividades del sitio con Google Analytics? ¿Y las conversiones?

Tanto en el ámbito de la estrategia como en el de las informaciones útiles, haz todas las preguntas que consideres fundamentales y necesarias, y profundiza en aquellos aspectos que no te queden claros. Es mejor tener información de sobra que tener carencias.

El presupuesto eficaz

Bien, ya tienes la petición del cliente, has hecho todas las preguntas necesarias y estás listo para elaborar un presupuesto con todas las de la ley.
Créeme, se trata de una fase crucial de tu trabajo. Entre otras cosas porque puedes encontrarte con que el cliente potencial decida pedir varios presupuestos a varias agencias/profesionales —no hay nada malo en ello, al contrario— y, si no eres lo suficientemente bueno como para dejar claro qué haces por el precio que pides, quien ofrezca menos se quedará con el cliente.
Spoiler: no ser escogido es algo que puede ocurrir, aunque sepas venderte bien, pero no te preocupes: será el tiempo el que haga que el posible cliente se dé cuenta de si elegir a los que pedían menos fue una elección acertada.
Teniendo en cuenta que la forma de presentarnos es fundamental, porque nos permite comunicar el valor de nuestro servicio; y que, si no explicamos qué, cómo y por qué lo hacemos, ponemos al cliente en la tesitura de valorar el nuestro como un servicio de escaso valor, ¿cómo elaborar, entonces, un buen presupuesto?

Presentación de un presupuesto digno de ese nombre

Evitemos las hojitas o los pobres PDF donde aparecen, con suerte, la fecha de emisión y cuatro servicios escritos: la forma en que nos presentamos da inmediatamente una idea de quiénes somos. Y lo que queremos es dar la idea de que somos profesionales. Normalmente, el presupuesto «estándar» sigue la estructura mostrada en la figura 4.1, pero, por supuesto, puedes personalizarla.

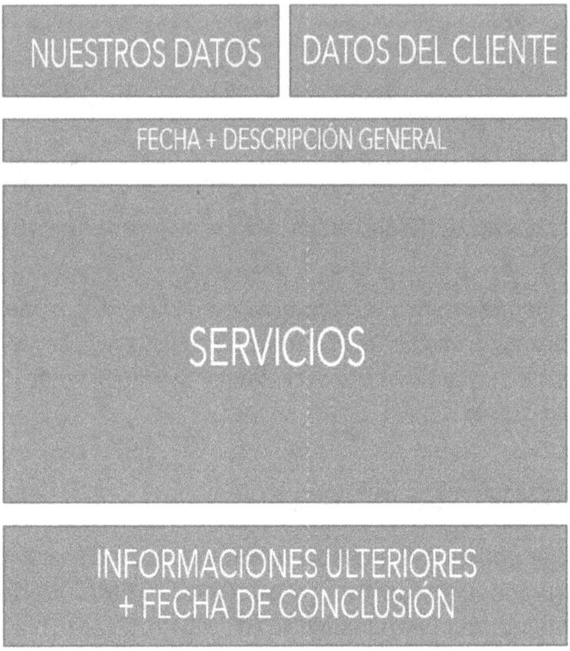

Figura 4.1 – Presupuesto modelo.

Es importante incluir:

- *la fecha de emisión;*
- la fecha hasta la que se considerará vigente el presupuesto;
- los datos de las partes;
- los servicios incluidos y sus costes;
- cualquier actividad extra que deba presupuestarse (por ejemplo, la suscripción a un servicio de almacenamiento fotográfico);
- los períodos de inicio y fin del trabajo;
- la forma de pago.

Ten en cuenta que estas son indicaciones a nivel formal y de contenido. En cuanto a la parte legal, te aconsejo que consultes a un profesional especializado para elaborar un presupuesto correcto, también en función de la estructura y el régimen en el que trabajas.

El consejo es utilizar el menor número posible de tecnicismos o, al menos, explicar de forma sencilla los servicios incluidos.

Un ejemplo

«Actividades de administración de la comunidad de redes sociales» es un término genérico y probablemente desconocido para muchos,
que se convierte en
«Actividades de administración de la comunidad de redes sociales: encargarse de y responder a las solicitudes de información (comentarios y mensajes) que se reciben en las cuentas [URL redes proporcionada], de lunes a viernes, de 9 a 18 horas, excluyendo los días festivos. Si las respuestas a las solicitudes no están incluidas en la FAQ acordada con el cliente, se solicitará por nuestra parte una respuesta a la persona de contacto designada».

Infórmate de quién va a leer y aprobar tu presupuesto y asegúrate de hablar un lenguaje lo más comprensible y cercano posible al suyo.

Indicaciones de competencias y experiencia

Confirma tu competencia y experiencia: ¿tienes años de trabajo a tus espaldas? ¿Has seguido cursos que merezca la pena mencionar? ¿Has trabajado con marcas conocidas? ¿Tienes certificaciones y especializaciones? ¿Cuál es la propuesta de valor de tu marca? Escribe una pequeña presentación de ti mismo o de la agencia que representas al principio del presupuesto, de forma que aumente aún más el «peso» de tu profesionalidad. También te ayudará a destacar entre los demás y a que se acuerden de ti.

Detalle de servicios y precios

Detalla los servicios que ofreces y los precios de cada servicio. Pongamos un ejemplo para poder fijar el concepto. Empecemos con lo que yo llamo la #estrategiabresaola[3]. Imagina que estás en un restaurante, abres la carta y, entre los entrantes, encuentras «Bresaola, rúcula y queso grana: 18 euros». Tu reacción probablemente es de asombro porque el precio, por una banal bresaola con cuatro hojas de hierba y tres trocitos de queso por encima, te parece elevado y exagerado. Ahora imagina que estás en ese mismo restaurante, abres la carta y encuentras, entre los entrantes: «Bresaola punta d'anca de la Valtellina (DOC), con rúcula fresca de la huerta y Grana Padano (DOCP) curado catorce meses:

3. La *breasola* es un tipo de fiambre, semejante al jamón, elaborado con carne de vacuno (semejante, pues, a la cecina). La punta d'anca corresponde al corte de tapa. [Nota del T.]

18 euros». Por supuesto, puede que aún te parezca demasiado caro, pero seguro que estás mucho más dispuesto a gastar casi veinte euros por un plato que parece ofrecer ingredientes refinados y genuinos.
¿Entiendes lo que quiero decir? Especialmente en la fase del presupuesto, la forma de detallar tus servicios es muy importante. No por nada, pero hay que recordar que, en muchos casos, puede que te las veas con una persona que sabe poco o nada sobre las competencias que requiere tu trabajo. ¿Qué debemos hacer, en la práctica?

Un ejemplo

La banal frase «gestión de la página de Facebook» se convierte en:

- Actividades de administración de la comunidad: gestión de comentarios y mensajes en página web de lunes a viernes, de 9 a 18 horas, excluyendo los días festivos, hasta un máximo de 50 interacciones por semana.
- Producción y publicación de contenidos: estudio y diseño de un plan editorial (sujeto a aprobación mensual) que contemple la publicación de aproximadamente tres entradas y ocho historias por semana. El material visual (vídeo/imágenes) corre a cargo del cliente.
- Análisis e informes: análisis y envío de informes mensuales. Los KPIs deben definirse en función de los objetivos.

Te aconsejo que detalles al máximo tu presupuesto, que luego se convertirá en una orden de pedido, precisamente para que no haya malentendidos ni zonas grises.

> *«Siempre es mejor especificar el número de publicaciones e historias previstas y si el material corre a cargo del cliente o no.»*

Sin duda, es un buen valor añadido detallar también el número de interacciones —entendidas como comentarios, mensajes y publicaciones de los usuarios que necesitan moderación y/o respuesta— precisamente porque las marcas suelen crecer con los años, afortunadamente, y no queremos cobrar lo mismo por gestionar doscientas interacciones a la semana como por gestionar cincuenta. Sería injusto por el volumen de horas de más requeridas en tal caso. El mismo razonamiento se aplica a los contenidos: siempre es mejor especificar el número de publicaciones e historias previstas y si el material corre a cargo del cliente o no.

Un ejemplo

Para las campañas publicitarias, la simple «Gestión de las Facebook Ads» puede convertirse en:

- Actividades de diseño, gestión, pruebas y optimización de campañas: diseño, subir en línea y gestión de hasta veinticinco anuncios al mes, con un presupuesto total de quinientos euros/mes por objetivo de interacción, visualización de vídeo, conversión. El presupuesto se distribuirá entre los distintos objetivos según el periodo y los acuerdos con el cliente.
- Diseño y creación de anuncios: creación de anuncios orientados a los objetivos (pie de foto, optimización de enlaces, vídeo, imágenes, CTA). Los soportes visuales (imágenes y vídeos) son proporcionados por el cliente.
- Análisis e informes: análisis y envío de informes mensuales.

Hay una gran diferencia entre gestionar doscientos euros de presupuesto al mes en un único canal social y gestionar cuatro mil euros en varios canales. Al igual que hay una gran diferencia si somos nosotros o el cliente quienes aportan la parte creativa. Y tenemos que explicarlo. Otro consejo es especificar, sobre todo en la fase de contratación, si el cliente requiere apoyos o materiales y cuándo. Uno de los dramas diarios del gestor de redes sociales es no recibir —o recibir en el último momento— los contenidos que se van a publicar, lo que te obliga no solo a perseguir constantemente a alguien, sino a vivir perpetuamente bajo estrés. Si, por el contrario, haces firmar al cliente «que se compromete a facilitar el material fotográfico y de vídeo necesario para la publicación de los posts al menos con 72 horas de antelación —tú decides— a la fecha prevista de publicación, so pena de no publicar ese contenido, que en ningún caso se descontará del contrato», o algo así, quizá sea más cuidadoso con la puntualidad de las entregas.

Introducción de las partidas esenciales

Las partidas que no pueden faltar en modo alguno en el presupuesto de un gestor de redes sociales y que, por lo tanto, deben tasarse, se refieren a dos macroáreas: la gestión de las cuentas y la gestión de la publicidad en las redes sociales.

Para la gestión de las cuentas sociales, son esenciales las siguientes partidas:

- análisis preliminar y planificación: análisis de la marca, competidores, definición de objetivos y estrategia;
- actividades de administración de la comunidad previstas: calendario, *flight*, número máximo y tipo de interacciones gestionadas;
- actividades de producción y publicación de contenidos: número de entradas, historias, copy, fotos, vídeos, posibles directos, creatividades extra (por ejemplo, Instant Experience);
- análisis e informes: calendario;
- posible coaching: para la gestión de híbridos o la apertura de BM.

Obviamente, para una pequeña empresa, la fase de análisis y planificación no puede llevar meses ni presupuestos de miles de euros. Será algo más ligero, pero igualmente enfocado a proporcionar un guion de trabajo.
No olvides la última partida: planifica y cuantifica posibles actividades de formación o coaching del cliente, que tal vez quiera aprender a gestionar las consultas por sí mismo o necesite ayuda para abrir un Business Manager.
Para la gestión de la publicidad en redes sociales, son fundamentales las siguientes partidas:

- Análisis preliminar y planificación: análisis de campañas anteriores, competidores, definición de objetivos y estrategia;
- actividades de planificación, diseño y campañas en línea: presupuesto a gestionar, número máximo de campañas, folletos promocionales;
- actividades de producción y publicación de contenidos: número de posts, historias, textos, fotos, vídeos y otras producciones;
- análisis e informe: calendario;
- extras: implementación de cuentas, píxeles, eventos, atribución, Analytics, moderación de comentarios de anuncios, implementación de respuestas automáticas, páginas de aterrizaje.

En la parte publicitaria, es importante conocer no solo el presupuesto que se va a gestionar, los posibles costes y los volúmenes de público meta, sino también si se han previsto promociones especiales con presupuesto extra, por ejemplo, Navidad, rebajas, Black Friday, durante el periodo de colaboración. Y si se deben considerar actividades adicionales, como la asistencia en la implementación del píxel de Facebook[4] y los posibles eventos estándar u otros sistemas de seguimiento social, como la etiqueta de LinkedIn Insight[5] o el píxel de Twitter[6]. Por no hablar de las actividades adicionales que pueden ser cruciales para el éxito de las campañas, como la preparación de cadenas de correo electrónico o páginas de aterrizaje *ad hoc*.
Mis recomendaciones, por lo tanto, son las siguientes:

- **Define siempre si la inversión en publicidad está incluida o excluida del presupuesto**: haz que el cliente abra una cuenta publicitaria e introduzca su forma de pago. A continuación, tú asumirás la gestión de esta, por ejemplo, asociándote con el director de negocios.

4. https://it-it.facebook.com/business/help/742478679120153?id=1205376682832142 (última consulta el 6 de junio de 2020).
5. https://www.linkedin.com/help/lms/answer/81852/linkedin-insight-tag-domande-frequenti?lang=it (última consulta el 6 de junio de 2020).
6. https://business.twitter.com/en/help/campaign-measurement-and-analytics/pixel-helper.html (última consulta el 6 de junio de 2020).

- **Propón un periodo mínimo de tiempo adecuado:** con una marca incipiente, o que quizás sea nueva en las redes sociales, difícilmente podrás obtener resultados tangibles de inmediato. Haz presupuestos que duren al menos seis meses, mejor aún un año.

Mención de las actividades que se han de realizar

Por último, me gustaría indicarte algunas actividades que deben presupuestarse y que casi nadie incluye, pero que pueden llevar horas y horas de trabajo y, por tanto, merecen ser mencionadas y tasadas:

- producción de imágenes/utilización de base de datos de imágenes;
- creación de plantillas de marca para secciones periódicas;
- cualquier actividad de marketing en tiempo real;
- actividades de seguimiento de las redes sociales;
- búsqueda e implicación de influencers;
- coaching en la configuración de la página/cuenta publicitaria (1h);
- producción —y promoción— de la campaña X en Instant Experience;
- producción de píldoras de vídeo de 30";
- optimización de la página: imagen de portada, imagen de perfil, categorías, ajustes, informaciones, respuestas automáticas.

Tal vez algunas de estas actividades, si el cliente firma un contrato importante, las incluyas en el paquete. Evidentemente, depende de tu estrategia comercial, pero de todos modos indica si forman parte de las actividades que tienes previsto llevar a cabo: porque es justo que la persona que tienes delante tenga una idea clara de lo que haces por el dinero que le pides.
Una de las preguntas que un presupuesto detallado trata de anticipar —o a la que al menos intenta responder— es: «¿Todo este dinero, para qué sirve?». Especialmente cuando se trata de una pequeña empresa para la que incluso unos pocos cientos de euros se convierten en una cantidad respetable que gastar. Un último consejo importante sobre un aspecto crucial: la cuestión del presupuesto de los anuncios en las redes sociales. El consejo es sugerir una cifra mínima desde el principio y, si es posible, contratarla. El riesgo es, sobre todo si hablamos de Facebook e Instagram, en particular en el caso de marcas con escasos resultados orgánicos y si no está prevista desde el principio una cuota mensual fija, que el cliente luego haga oídos sordos a la hora de invertir. De este modo, se frustran nuestras estrategias y tal vez se nos eche la culpa a nosotros si la estrategia no funciona. Siempre es necesario prever una cantidad al mes para invertir en campañas publicitarias de apoyo diversificadas, como veremos en el apartado de asignación presupuestaria cuando hablemos de la construcción del plan de redes sociales.

Las diez preguntas (difíciles) de responder

Cada cliente es una historia en sí misma, lo hemos dicho y visto. También es cierto que hay ciertas preguntas que se repiten (a menudo posteriores al presupuesto) y que están lejos de tener una respuesta oportuna. Sin embargo, requieren respuestas adecuadas, so pena de cuestionar nuestra profesionalidad. Veamos, pues, algunas pistas para responder de la manera más directa y satisfactoria a nuestro interlocutor y a sus «insidiosas» preguntas, que podrían llevar a conclusiones letales en lo que a estrategia social se refiere.

1. ¿Por qué mis competidores tienen más fans/seguidores que mi empresa?
Puede que hayan hecho campañas de miles de euros en la captación de fans en los últimos años, que lleven mucho más tiempo en Facebook que tu empresa, que sean más conocidos o, simplemente, hayan adquirido seguidores. La cuestión es que los fans representan una métrica que entre muchas otras a menudo se denominan «de vanidad»: si no están realmente interesados y comprometidos, penalizan la página en vez de ayudarla; nosotros nos centramos —también— en tener seguidores, pero de calidad. Y ese no es nuestro principal objetivo.

2. ¿Por qué no publicamos automáticamente los posts de Instagram en Facebook o viceversa, así ahorramos?
Cada red social tiene sus propias dinámicas y peculiaridades: en Instagram, por ejemplo, los hashtags son un rasgo distintivo y se pueden poner hasta treinta. En Facebook, tantos hashtags provocan menos interacciones y generan el efecto spam. Ni que decir tiene que «empaquetar» cada publicación según el canal en el que aparece no solo denota profesionalidad, sino que permite mejorar la distribución y aumentar el compromiso, precisamente porque se respeta la lógica de ese espacio.
3. ¿Por qué no hacemos nosotros también esas bonitas publicaciones que, por ejemplo, hacen Taffo y Ceres?
Adelante, hagámoslas, pero el marketing en tiempo real es una actividad que necesita el apoyo de profesionales cualificados, creativos, redactores, diseñadores gráficos, realizadores de vídeos, así como una escucha constante de la Red y de los *trending topics*. Si tú [cliente] quieres aportar un dinero extra para invertir en esta actividad, estaremos encantados de presupuestarlo.
[Aquí es donde generalmente termina la cosa; de lo contrario, como hemos dicho, puedes computar la actividad o solicitar un presupuesto a colegas que puedan prestar este tipo de servicio].

4. [Marca local] No tengo tiempo para hacer fotos en la tienda, ¿no puedes usar las de stock?
Es posible, comprándolas, pero ten en cuenta que, para promocionar un negocio como el tuyo, es imprescindible mostrar su vida real, las personas que lo integran, los productos y servicios reales que ofrece. Las imágenes de stock representan una actividad genérica, y es poco probable que enganchen a la gente. No personalizar la comunicación de una marca pequeña como la tuya,

con caras y fotos auténticas, significa tener muchos menos resultados, perder originalidad y arriesgarse a ser vistos como una tienda más. Proporcionar constantemente material original es determinante para el éxito del proyecto.

5. ¿Cómo puedo calcular cuántos clientes me han aportado las redes sociales?
Si vendes en línea, especialmente en lo que respecta a las campañas publicitarias, puedes calcular el ROI[7], o al menos el ROAS[8], de las campañas con bastante precisión: por ejemplo, a través de píxeles y eventos estándar. Queda, sin embargo, una parte aún no computable que debemos tener en cuenta: las personas utilizan muchos canales y herramientas en su camino de conocimiento, consideración y compra de un producto/servicio (*customer journey*) y, aunque Facebook no lleve a la compra inmediata, influye en el conocimiento de la marca o el estímulo del interés. ¿Estás mapeando el recorrido de los clientes? ¿Tienes idea de qué canales y cómo influyen en sus compras?

6. Ya te pago por gestionar mi página, ¿por qué tengo que invertir también un presupuesto para publicidad?
[Un clásico, sobre todo cuando se habla de Facebook].
Por desgracia, a pesar de la bondad de los contenidos, generalmente solo se consigue llegar a una proporción muy pequeña de los propios seguidores —menos del 10 % para muchos— y esto se debe al funcionamiento del algoritmo de Facebook. Pagar a un profesional e invertir en la creación de contenidos que luego solo verán muy pocas personas no es en modo alguno estratégico y, de hecho, se corre el riesgo de perder el tiempo y el dinero; establecer un presupuesto publicitario mensual medio permite dar a los contenidos la visibilidad que merecen para obtener resultados.

7. ¿Qué presupuesto y cuánto tiempo se necesita para llegar a X mil seguidores en Instagram?
Aparte del hecho de que los seguidores son una métrica de vanidad y no puede ni debe ser nuestro principal objetivo, ya que Instagram no tiene como objetivo específico adquirir seguidores —a diferencia de Facebook, por ejemplo—, es necesario hacer una serie de pruebas, tanto en lo referente a la participación orgánica como a las campañas publicitarias. Después de esto, será posible hacer una estimación aproximada del coste por seguidor y el tiempo/presupuesto necesario.

7. Es el acrónimo de Return On Investment: es una medida de rendimiento utilizada para medir el importe del rendimiento de una determinada inversión, en relación con el coste de la propria inversión.
8. Es el acrónimo de Return On advertising Spend: es una métrica de marketing que mide las prestaciones y la eficacia de una campaña publicitaria digital. Calculando el ROAS, podemos determinar qué estrategias publicitarias funcionan bien y aplicar esas técnicas a otras campañas publicitarias.

8. ¿Por qué son diferentes las cifras de conversión que leo en Google Analytics con respecto a los consignados por las distintas plataformas de publicidad en redes sociales, por ejemplo Facebook?
Se trata de dos sistemas de monitoreo diferentes, con métodos de asignación diferentes. Facebook atribuye a las campañas cualquier conversión que haya tenido lugar en el plazo de un día desde la visualización del contenido y de 28 días desde el clic. Google Analytics se basa generalmente en un modelo de último clic no directo. [Aquí[9] puedes encontrar las diferentes motivaciones técnicas, el consejo es utilizar ambas herramientas, teniendo en cuenta las diferencias evidentes].

9. ¿Por qué me sigues diciendo que debemos invertir en vídeos? Requieren más tiempo y dinero que las simples imágenes...
Los vídeos no solo representan el formato al que, con diferencia, generalmente Facebook da más visibilidad[10], sino que también permiten crear públicos personalizados específicos y tener una visión única de los usuarios. Las estadísticas[11], por otro lado, nos muestran que la gente quiere ver más vídeos de las marcas: es el tipo de publicación que más valoran en las redes sociales. En 2019 el usuario medio de internet pasó una media de casi siete horas consumiendo vídeos.

10. ¿Por qué no eliminamos simplemente los comentarios negativos?
Borrar los comentarios negativos es como barrer la suciedad bajo la alfombra. El problema no desaparece y la persona en cuestión, al no sentirse escuchada en el espacio donde ha expresado su opinión, probablemente irá a otro lugar para compartirla, donde ya no tenemos ningún control. Gestionando los comentarios negativos podemos hacer que se conviertan de crítica en oportunidad, haciendo que el usuario descontento se sienta escuchado y, al mismo tiempo, mostrando a nuestros clientes y a los potenciales que estamos dispuestos a escuchar las opiniones de los demás. Por supuesto, es esencial una política de gestión bien definida.

9. https://www.veronicagentili.com/facebook-ads-e-analytics-perche-le-conversioni-non-tornano/ (última consulta 6 de junio de 2020).
10. https://www.veronicagentili.com/come-funziona-lalgoritmo-della-sezione-notizie-di-facebook/ (última consulta 6 de junio de 2020).
11. https://www.oberlo.com/blog/video-marketing-statistics (última consulta 6 de junio de 2020).

Capítulo 5

El plan de redes sociales y el análisis eficaz

Una de las mayores dificultades en el marketing en redes sociales —aunque yo también diría que en el marketing en general— es la tendencia a pensar que «un plan» que incluya el análisis, la definición de objetivos y la estrategia es necesario, si —y solo si— estamos hablando de grandes marcas o grandes campañas.

Nada podría ser más errado.

De hecho, pueden hacerse incluso planes light y sostenibles para empresas más pequeñas con presupuestos más reducidos, que, por supuesto, implican un análisis menos profundo y más centrado en la operatividad. No serán necesarios meses y meses de análisis ni quintales de páginas escritas con detalladas tablas de Excel llenas de datos, pero siguen siendo necesarios un análisis y una planificación anticipada para hacerlo bien. Aunque la actividad que se pretenda difundir sea una pequeña tienda familiar de frutas y verduras.

¿Qué es un plan de redes sociales? Para muchos se trata, en efecto, de ese archivo gigante que debería explicar el cómo y el por qué se decide hacer algo en las redes sociales, y que apenas lo leen las mismas personas que lo escribieron; en realidad, es el proyecto que se ha decidido emprender (estrategia y publicidad) para lograr los fines empresariales (objetivos), basándose en los datos disponibles (análisis). Es, en definitiva, algo que debemos crear siempre, independientemente del hecho de estar trabajando para una microempresa local o para una gran multinacional.

Recuerda que el plan también resulta fundamental por otro motivo: si eres tú/tu agencia quien gestiona las cuentas sociales del cliente, debes acordar, de entrada y sin resquicio de duda, no meramente de palabra, las reglas y un

plan a seguir, para que la persona que tienes delante puede entender y respaldar todos los pasos que vas a dar en nombre de su marca.
Créeme, si los clientes aprueban siempre el plan de redes sociales antes de empezar, todo el camino resultará mucho más fácil y las objeciones durante el trayecto —como «Vaya, es que yo pensaba que lo haríamos así...»— serán mucho menos frecuentes.
Si, por el contrario, se trata de un plan elaborado para que lo lleven a cabo terceras personas, por ejemplo, el estudio y el perfil para que otra persona lo aplique de forma independiente, es aún más importante. Precisamente porque representa «el guion» que se ha de seguir para una buena representación.

Las características de un buen plan de redes sociales

Basándonos en la experiencia acumulada a lo largo del tiempo, podemos encontrar dos tipos de plan de redes sociales:

- **El que el cliente ha de *aprobar***: se trata de un plan que somos nosotros —como profesionales o agencia— quienes debemos implementar, por lo que el cliente tiene la única obligación de evaluarlo y aprobarlo. En este caso, queda mucho menos espacio para los aspectos operativos y técnicos de ejecución, precisamente porque son nuestra responsabilidad y corren el riesgo de «aguar el vino» inútilmente. De manera que se presenta el plan y, en caso necesario, se revisa y aprueba.
- **El que el cliente tiene que *aplicar***: suele ocurrir, sobre todo, en el caso de pequeñas empresas o también de empresas interesadas en internalizar la gestión de sus propios canales sociales, que se solicite a un proveedor externo, un profesional/agencia de gestión de redes sociales que elabore un plan. Por lo general, la elaboración y entrega del plan va seguida de una fase de formación, cuyo objetivo es explicarlo en detalle y facilitar su implementación en la empresa. A menudo, también de un período de coaching para apoyar al cliente en las distintas etapas del progreso. Merece la pena detallar minuciosamente este tipo de plan e incluir varias referencias de profundización, para facilitar su comprensión y su aplicación. En algunos casos, también puede contemplarse una gestión «híbrida», en la que, por ejemplo, se forma al equipo interno para la elaboración del PED (Plan Editorial) y la publicación de contenidos; mientras que el gestor de redes sociales/agencia se encarga de la publicidad y de la creatividad. O bien la empresa internaliza la gestión de comentarios y mensajes y la agencia se encarga de la aplica-

ción del PED y de la publicidad. Son los modelos de estructura que podemos encontrar. Obviamente, para que funcione es necesario que el equipo de la empresa esté debidamente motivado, reciba una formación adecuada y sólida y se mantenga al día.

En ambos casos, el plan de redes sociales, para ser definido como tal y, sobre todo, para ser eficaz, debe tener unas características precisas.

Comprensible

«A través de un storytelling dirigido que se centra en el target persona y en su universo valorial podremos incrementar el engagement rate apoyándonos en la unique proposition de la marca, según el brief intermedio». Lo habrás oído (o podrás oírlo).

Figura 5.1 – El famoso contrato de los Hermanos Marx en *Una noche en la ópera*.[1]

Que quede claro: el plan de redes sociales no debe ser una colección de galimatías con acompañamiento de anglicismos, sino un plan de trabajo dirigido y, sobre todo, comprensible.
Antes de redactarlo, piensa en quién tiene que leerlo, aprobarlo o implementarlo. Pregúntate si la terminología utilizada es familiar para tu cliente o vale

1. https://www.youtube.com/watch?v=yeKUp-i7S7I (útima consulta el 25 de agosto de 2022).

la pena utilizar un lenguaje más sencillo, quizás con frecuentes aclaraciones o profundizaciones, en caso de que el uso de ciertas palabras sea inevitable.
Al igual que con el presupuesto o el informe, una cosa es que sea un directivo digital quien lea y apruebe el plan, y otra que sea el pequeño empresario, quien simplemente necesita entender lo que harás por él y cómo lo harás. Si quieres que lean tu plan de medios sociales, a menos que quieras impresionar a altos directivos hiperformados, favorece la simplicidad.

Eficaz y práctico

En mi opinión, el plan de redes sociales debe conducir a una acción inmediata, dictar las reglas de un juego que empieza ya. Olvídate de interminables presentaciones llenas de humo y de teoría: si, después de leerlo, tenemos una idea nebulosa sobre lo que hay que hacer, algo va mal.
¿Cuáles son las actividades que se van a llevar a cabo? ¿En qué orden? ¿Quién se debe encargar de hacerlas? Nuestro plan debe responder a estas preguntas. Obviamente, se puede dejar espacio para algunas cuestiones de profundización, especialmente sobre el plano operativo, pero en general el plan de redes sociales que funciona no está hecho para terminar olvidado en una carpeta secundaria del ordenador.
Está hecho para ser «el guion» que hay que seguir durante «el espectáculo».

Integrado

Recordemos que las redes sociales son un canal dentro de la estrategia más amplia del marketing digital, por lo que deben integrarse dentro de un plan más amplio, en el que todas las herramientas activadas se apoyen mutuamente para acompañar al usuario a través del viaje del cliente.
Si hay un blog activo, las redes sociales pueden convertirse entonces en una importante fuente de tráfico; si existe una base de datos de suscriptores del boletín de novedades, pueden ser excelentes herramientas para aumentarla a través de campañas de captación de contactos o una herramienta alternativa válida para llegar a aquellos que no han abierto nuestras comunicaciones más recientes, por ejemplo, a través de los públicos personalizados[2] de Facebook.

Limitado en el tiempo

No se pueden repetir las mismas estrategias durante años y, además, esperar que la marca crezca con el tiempo, incluso en términos de notoriedad y obje-

2. https://www.veronicagentili.com/pubblici-personalizzati-facebook/ (ultima consultazione 7 giugno 2020).

tivos que conseguir. Por lo tanto, no tiene mucho sentido utilizar el mismo plan durante demasiado tiempo.

Según mi experiencia, el plan de redes sociales tiene una duración máxima de un año, con estadios de progreso de tres meses. Después de este tiempo, necesita una revisión, entre otras cosas porque, mientras tanto, pueden haber cambiado los escenarios sociales, las herramientas que proporcionan las propias redes, pero también los recursos económicos y humanos disponibles, así como los objetivos que se persiguen.

Pongamos, pues, una fecha de caducidad a nuestro plan y asegurémonos de revisarlo periódicamente a la luz de las últimas novedades, evidencias y resultados.

Basado en la estacionalidad

Supongamos que tenemos que elaborar un plan de redes sociales para un fabricante de helados, ¿acaso podríamos pensar en aplicar la misma estrategia y plan editorial en diciembre y en junio? Si nuestro cliente vende estufas, ¿podemos pensar en invertir la misma cifra en julio y en octubre? ¿Has entendido lo que quiero decir?

Muchas actividades están ligadas a la estacionalidad y varían su volumen de negocios dependiendo de ella —un hotel en la playa es otro ejemplo—, por lo que es esencial tenerlo en cuenta a la hora de definir las distintas etapas del plan, la distribución del presupuesto, el calendario editorial y los contenidos que se han de publicar.

Volvamos al ejemplo del hotel de la costa: si se tiene previsto un periodo de cierre cabe pensar en una estrategia de mantenimiento suave, y luego considerar un aumento de la actividad de publicación y de la publicidad durante el período de la toma de decisiones —es decir, cuando la gente empieza a evaluar las vacaciones—, y de apertura.

Algunos sectores son más sensibles que otros a la estacionalidad —pensemos en quien vende aparatos de aire acondicionado—, otros no tanto; y otros están fuertemente ligados a un periodo determinado del año, como ferias y eventos recurrentes: por eso nuestro plan debe tener en cuenta en qué medida el factor período afecta al negocio. Para adaptar al mismo las estrategias y las inversiones.

El plan de redes sociales, como puede verse, es mucho más que un documento redactado «al tun tún» o como una prerrogativa solo de los grandes. Es la brújula que sirve para orientar las actividades de la marca en la dirección correcta. Pasemos ahora a la parte práctica: las fases de un plan de redes sociales que se precie.

Análisis: de la reputación de la marca a los competidores

«Es un gran error teorizar antes de tener datos: a menudo se distorsionan los hechos para que se ajusten a la teoría, en vez de ajustar la teoría a los hechos», dijo Arthur Conan Doyle, escritor, médico y poeta escocés[3].

Y ciertamente no podemos decir que se equivoca.

¿Cómo puede montarse una estrategia si no se tiene antes claro cuál es la marca, los objetivos que se propone y a qué personas se dirige? ¿Cómo se puede empezar a trabajar con una cuenta social si no se sabe quiénes son sus fans, cuáles son las actuaciones anteriores, qué se ha hecho hasta ese momento? ¿Y cómo pueden definirse las políticas de respuesta a las solicitudes y una estrategia de gestión de crisis si no se estudia qué es lo que se pide con más frecuencia y cuáles son las posibles "cáscaras de plátano" mirando al pasado? Y, por último, ¿cómo saber si el rendimiento es bueno o malo, sin analizar los anteriores y sin confrontarlos con marcas afines, los competidores?

> *"¿Cómo se puede empezar a trabajar con una cuenta social si no se sabe quiénes son sus fans?."*

Esta es la fase de análisis: en lugar de ser un batiburrillo de datos inútiles, que sirve para justificar la minuta del gestor de redes sociales, debe ser la base sobre el que se construye todo el marco estratégico.

El análisis es fundamental porque:

- **Te permite comprender las dinámicas del sector específico en las redes sociales.** Puede que estés acostumbrado a ver ciertas cifras y rendimientos cuando trabajas para la industria de la belleza o el de los viajes, pero si has de trabajar con un cliente que vende software B2B, tienes que vértelas no solo con resultados a menudo muy diferentes, sino también con respuestas y dinámicas distintas, que es esencial conocer.
- **Te permite empezar a elaborar un conjunto de respuestas a las peticiones más frecuentes,** que son muy útiles en la fase de planificación de la política de empresa, como veremos.
- **Te ofrece cifras concretas de las que partir para establecer objetivos:** si no conoces tu punto de partida, ¿cómo puedes tener una idea del de llegada y de más allá?

3. Lanati, A., *Qualità in biotech e pharma*, Springer, Milán, 2010, p. 54.

Esta actividad debe responder a cuestiones precisas —damos por sentado la información ya recogida en la fase de entrevista— y se divide en dos partes: interna y externa. Y a menudo se lleva a cabo durante el periodo anterior de seis meses/un año.

Análisis interno

Este es el tipo de análisis que hay que hacer en cada una de las redes sociales previstas.

- ¿Qué tipos de publicaciones han tenido más éxito en el pasado en términos de interacciones? ¿Qué formatos?
- ¿A cuántas personas, de media, llega orgánicamente con sus publicaciones? ¿Cuántas son de pago? ¿Cuál es la tasa media de participación por publicación? ¿Hay algunas que se han hecho un hueco? ¿A otras les ha ido peor? Anótalo todo y observa si hay recurrencias, por ejemplo, publicaciones que tratan un determinado tema o formato. Fíjate también en posibles comentarios negativos y anota las publicaciones que más hayan recibido.
- Fans/seguidores de base: en términos demográficos, ¿los fans están en el público meta? ¿Cómo se han adquirido (si es posible verlo/saberlo)?
- Publicidad: ¿cuánto presupuesto se ha invertido? ¿Cómo? ¿En qué clase de campañas? ¿Hacia qué público? ¿Con qué resultados? ¿Cómo se ha distribuido? ¿Por ejemplo, un 30 % de compromiso, un 20 % de conocimiento de la marca? Anota los rendimientos medios que se utilizarán como referencia, por ejemplo, el coste por contacto, el coste por compra, etc.

Por supuesto, eres libre de añadir cualquier dato que consideres relevante recoger para comprender mejor la realidad en la que tienes que moverte.

Si se trata de una pequeña empresa, puedes hacer este análisis a mano, pidiendo que te den los accesos a los datos de análisis de la cuenta: Facebook Insights, Twitter Analytics, Pinterest Analytics, LinkedIn Analytics. Para una marca estructurada o en caso de que tengas que elaborar a menudo planes de redes sociales en tu trabajo —que es lo que espero que hagas—, lo mejor es que utilices herramientas de análisis de terceros, para evaluar en función de las redes sociales que vas a analizar.

Lo veremos más a fondo en la sección dedicada a las herramientas, pero ten en cuenta que, para este tipo de empresas, las herramientas más populares son Fanpage Karma, Ninjalitics, SumAll, quintly.

Análisis externo

Una vez completado el análisis interno, pasamos al externo que, a su vez, se divide en dos partes: una relacionada con los competidores y otra, en cambio, con la reputación de la marca.

COMPETIDORES

- ¿Qué rendimiento, en términos de base de fans, tienen las páginas de nuestros competidores: interacciones (comentarios, reacciones, veces compartidas) y crecimiento?
- ¿Quién destaca por sus compromisos y quién por su base de fans?
- ¿Qué tono de voz utilizan los competidores?
- ¿Cómo interactúan? ¿Responden o no a las peticiones en la página? ¿Y a los comentarios?
- ¿Se detecta una política de respuesta concreta? ¿Se detecta una gestión profesional o amateur de la página? ¿A partir de qué elementos?
- ¿Cuáles son las peticiones más frecuentes que se le hacen a la marca? ¿Ha habido patinazos o crisis? ¿Cómo se gestionaron?
- ¿Cuánto y cuándo publican nuestros competidores? ¿Qué formatos son los más utilizados? ¿Cuáles son los que generan más resultados?
- ¿Cómo han evolucionado sus rendimientos a lo largo del tiempo?
- ¿Parece que siguen categorías temáticas con sus publicaciones? ¿Cuáles son las más exitosas? ¿Parece que exista un plan editorial o que la publicación es casual?
- ¿Disponen de estrategias de adquisición de tráfico, generación de clientes potenciales, fidelización y ventas particulares y dignas de atención? En lo que respecta a Facebook, echa un vistazo también a la sección «Transparencia de la Página»[4] para ver posibles campañas activas.
- ¿Utilizan especialmente los hashtags o fuentes de terceros?
- ¿Existen operaciones o iniciativas de comercialización conjunta de especial importancia?

Anota cada una de las respuestas a estas cuestiones. También en este caso, además, puedes realizar el análisis manualmente, utilizando hojas de Excel, o bien hacer uso de herramientas de terceros.

Comprobarás que la sección dedicada al estudio de los competidores —generalmente, suelen analizarse dos o tres— te dará muchos elementos de reflexión y te será de gran ayuda para empezar a conocer las dinámicas del

4. https://www.facebook.com/help/323314944866264?helpref=about_content (última consulta 7 de junio de 2020).

sector. De hecho, el gestor de redes sociales, a menos que se especialice verticalmente, no puede conocer al dedillo las características específicas de todos los mercados, y debe necesariamente profundizar a la hora de desarrollar una estrategia para el cliente. Aprovechando, por supuesto, los conocimientos y las competencias de quienes, por el contrario, conocen bien el escenario, es decir, el cliente, el departamento de marketing, la persona de contacto. Los datos, como es fácil adivinar, deben ir acompañados de consideraciones y explicaciones, como veremos mejor en la sección dedicada a los informes. De lo contrario, casi nunca son interpretados por quienes los leen ni llevan a decisiones sensatas.

Interpretar los datos

Observa la Figura 5.2: se trata de una captura de pantalla que compara los rendimientos de varias páginas de Facebook. Visto así, dentro de un análisis y sin contextualizar, este conjunto de datos solo permite ver quiénes son los mejores y los peores a la hora de implicar al público. Si no tratamos de entender las razones que hay detrás de los números y qué estrategia ha implementado el competidor X para tener más éxito que los otros, saberlo y nada más no nos servirá para nada. Debemos aprender de los mejores y entender qué formatos, categorías y tonos funcionan mejor con nuestro público (Figura 5.3).

REPUTACIÓN DE LA MARCA

Resulta fundamental, además, la parte del análisis que concierne a la reputación de la marca.

- ¿Cómo se posiciona la marca en Internet? ¿Dónde se habla de ella? Portales, blogs, redes, sitios de reseñas.
- ¿Qué opinión tiene la gente en las páginas de Google My Business, Facebook, Tripadvisor, etc.? ¿Cuáles son los defectos/virtudes más señalados?
- ¿Cómo se habla de la marca en Internet? ¿Bien, mal, de modo neutro?
- ¿Hay algún influencer que hable de ella/haya hablado de ella? ¿Cómo? ¿Podemos involucrarlos en alguna actividad?

Esta actividad también es muy importante y no solo para las grandes marcas. Precisamente porque, si se toma a la ligera, podría desvirtuar de manera irreparable cualquiera de tus estrategias de marketing en redes sociales. Me refiero, en particular, a las pequeñas empresas locales que a menudo no se preocupan por monitorear de forma constante su propia reputación. Tanto en línea como fuera de ella.

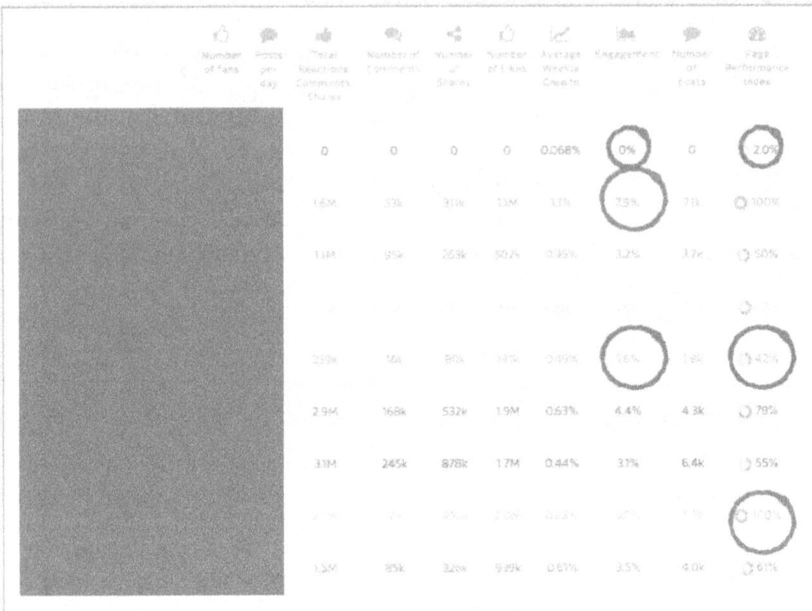

Figura 5.2 - Comparación de rendimientos de Facebook con la herramienta Fanpage Karma.

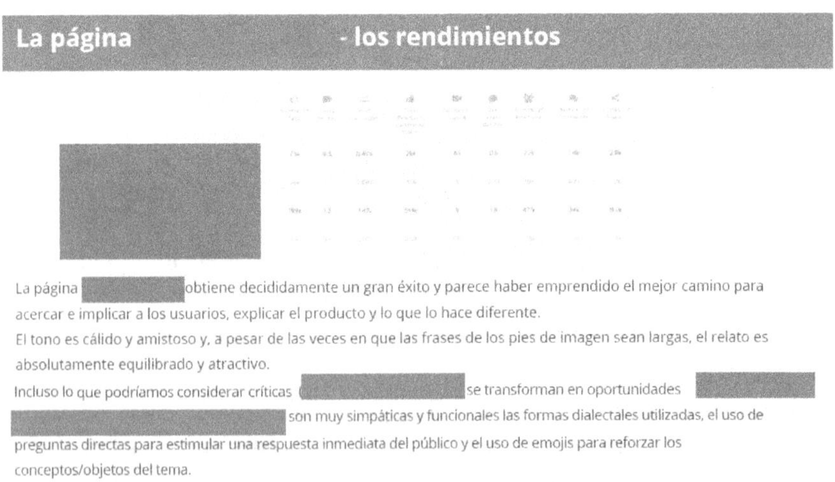

Figura 5.3 - Ejemplo de página de análisis de cuentas de la competencia con la herramienta Fanpage Karma.

Según una investigación realizada por Brightlocal[5] en 2019, el 82 % de los consumidores lee las reseñas en línea de los negocios locales y solo el 53 % de los usuarios tiene en cuenta un negocio que recibe una calificación de menos de cuatro estrellas. Entre los que consultan las reseñas, además, el 97 % lee la respuesta de los propietarios. ¿Ves por qué es crucial responder? Por último, el consumidor medio necesita al menos diez reseñas para llegar a sentir confianza en una empresa.

Pero hay muchas, muchísimas buenas razones[6] por las que ocuparse de la propia reputación en línea no es un lujo, sino una necesidad. Entre ellas está el hecho de que los millennials creen en las reseñas en línea tanto como en las opiniones de amigos y familiares; que las reseñas en línea de productos pueden aumentar las tasas de conversión en más de un 270 % y que —ojo al dato— Facebook influye en más del 50 % de las decisiones de compra de los consumidores.

Te lo digo también porque puedes hacer todas las estrategias y campañas que quieras en las redes sociales, pero si la marca de la que te ocupas tiene una mala reputación en Internet, es difícil que conviertas a los usuarios. O, en cualquier caso, el rendimiento de tu actividad se verá muy afectado y quizás el cliente piense que es tu responsabilidad porque eres un incompetente.

¿Por dónde empezar, entonces, en la práctica?

Algunas cifras

Si hablamos de reseñas, Review Trackers[7] clasifica las distintas plataformas de esta manera:

- Google 57,5 %;
- Facebook 19 %;
- Tripadvisor 8,4 %;
- Yelp 6,6 %;
- otros 8,6 %.

Mi consejo es valorar el posicionamiento de la marca, buscándola en primer lugar en Google como haría cualquier usuario (aunque los resultados nunca

5. https://www.brightlocal.com/research/local-consumer-review-survey/?utm_source=BrightLocal+Opt-In&utm_campaign=c559114663-EMAIL_CAMPAIGN_2018_12_07&utm_medium=email&utm_term=0_0c65b1902ec559114663-82827873#local-business-review-habits (última consulta 7 de junio de 2020).
6. https://hostingtribunal.com/blog/online-statistics/#gref (última consulta 7 de junio de 2020).
7. https://www.reviewtrackers.com/ (última consulta 7 de junio de 2020).

serán asépticos[8]); al ver los resultados ofrecidos en las primeras páginas, también descubres si hay artículos que hablan de ella y cómo hablan de ella y, por supuesto, la calificación reportada por los diversos sitios de reseñas.
Examina las distintas valoraciones, ya que pueden proporcionarte ideas estratégicas para tus publicaciones y para tus campañas publicitarias. Especialmente cuando se trata de pequeñas empresas, en efecto, el gestor y los empleados suelen tener generalmente dificultades para definir su propuesta de valor única —es decir, lo que les hace únicos, lo que los diferencia de sus competidores— y terminan siempre por presentarse con los vulgares: «Excelente relación calidad-precio», «El cliente siempre es lo primero», «Ofrecemos servicios integrales» y «Utilizamos productos de la mejor calidad». Todas ellas opiniones trilladas y predecibles que difícilmente se abrirán paso en el corazón de los usuarios.
El análisis de las opiniones de quienes han experimentado realmente la marca nos permite entender lo que los consumidores valoran o rechazan, aquello sobre lo que vale la pena centrarse —incluso en la fase del plan editorial y las campañas— y qué aspectos debemos evitar. Si, por ejemplo, mucha gente dice que la fritura de pescado es desastrosa, tal vez antes de mejorarla debemos evitar las publicaciones que la promocionan, vamos.
Date una vuelta también por las distintas redes sociales y, mediante el motor de búsqueda de cada una de ellas, mira si, dónde y quién está hablando de tu marca. Entre otras cosas porque los resultados podrían sorprenderte. Por supuesto, entre los más accesibles, debido a sus diversos filtros de privacidad, no se encuentra en modo alguno Facebook.
Hace un tiempo tuve un cliente que no tenía la menor intención de invertir en Instagram y que, en cambio, al final se lo pensó mejor cuando descubrió que en la plataforma había cientos de publicaciones —que se podían rastrear mediante geoetiquetas o hashtags— en las que los clientes se mostraban usando los productos.
¿Tiene sentido dejar todo esto fantástico Usuer Genered Conted[9], hacer caso omiso de un lugar donde los usuarios hablan espontáneamente de ti y se conviertan en tus embajadores? Yo diría que no.
El procedimiento que hemos visto antes es totalmente manual y puede funcionar bien para las pequeñas empresas, pero cuando se trata de marcas más estructuradas hay que invertir absolutamente en una buena herramienta de

8. https://www.studiosamo.it/seo/google-mostra-risultati-personalizzati-anche-navigazione-anonima/ (última consulta 7 de junio de 2020).
9. También conocido como UGC. Se trata de contenidos creados por los usuarios, pero que se aprovechan en las estrategias de marketing y planes editoriales.

listening de redes sociales, como Talkwalker (Figura 5.4), Mention, Blogmeter y otras que veremos más adelante.
Herramientas que nos permiten ver las conversaciones, sentimientos, usuarios implicados no solo a posteriori, sino también en tiempo real. Precisamente porque la reputación de una marca nunca deja de evolucionar y debemos mantenerla siempre bajo control.

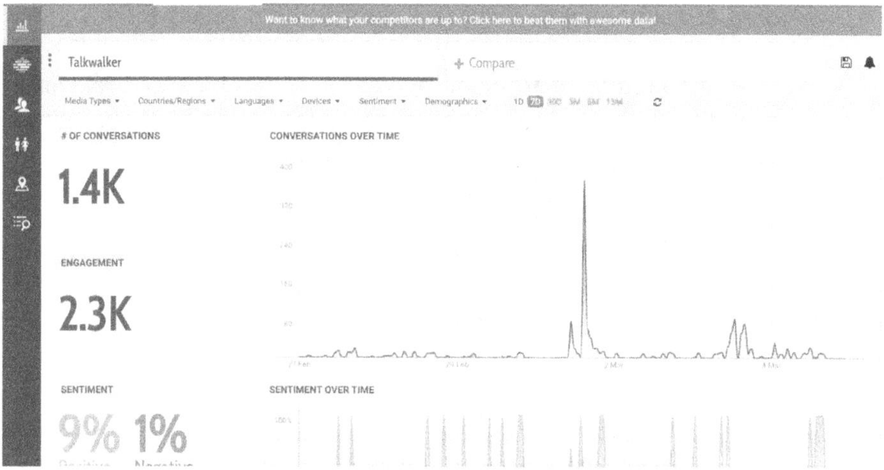

Figura 5.4 - Captura de pantalla de ejemplo de Talkwalker.

Personalizar el análisis

Los vistos hasta ahora son los principales aspectos de los que hay que ocuparse en una fase de análisis. Como hemos dicho, el volumen de trabajo y la profundidad de investigación varía muchísimo en función de la notoriedad de la marca —y, por tanto, del número de conversaciones/reseñas que se desarrollen en torno a la misma—, de las peticiones de los clientes y, por supuesto, del presupuesto disponible.
A lo largo de los años me han encargado análisis muy detallados, en los que he tenido que analizar y comparar los rendimientos de decenas de cuentas sociales durante un periodo de doce meses, evaluar la estrategia de los competidores, los métodos de comunicación y los formatos elegidos. En otros casos me pidieron que hiciera análisis de todas las campañas realizadas para la marca, ver cómo se habían distribuido los cientos de miles de euros gastados, analizar los rendimientos de las campañas, las áreas de mejora, los

posibles errores; en estos casos, había presupuestos específicos. Soy consciente de que, obviamente, no se trata del «cliente estándar».

Volviendo a las pequeñas empresas, que son el cliente más numeroso para el gestor de redes sociales medio, el consejo es:

- **tasar siempre el plan de redes sociales**, obviamente «light», en términos de trabajo requerido y precio;
- **realizar al menos un análisis general de las cuentas sociales de la marca**, de las cuentas de dos o tres competidores y de la reputación de la marca;
- **activar «un centro de atención permanente» en las conversaciones que la conciernen**, con una herramienta como Mention, o proponer al cliente que active un servicio de alertas para su cuenta, y recibir así directamente las notificaciones referidas a las menciones de la marca.

Capítulo 6

Dar en el blanco: los objetivos del plan de redes sociales

Aquí entramos en una fase decididamente crítica, en la que muchos se pierden. Porque, si bien es cierto que en las redes sociales para convertir debemos comprometer, no es seguro que con los «Me gusta» y los «Compartir» una empresa media paga las facturas al final de mes.

Muchos no establecen ninguna clase de objetivos para su actividad social y, por lo tanto, no envían informes periódicos a sus jefes/clientes, o bien envían tristísimas e incoherentes capturas de pantalla de las informaciones a petición.

Otros se limitan al recuento mensual de «Me gusta», comentarios, visualizaciones y poco más y, por supuesto, esto no funciona.

Ten en cuenta, de hecho, que tener objetivos, en la vida, en el trabajo y, en este caso, en los proyectos, es necesario para aumentar —y mucho— las posibilidades de éxito[1] (Figura 6.1).

Para el éxito del proyecto es muy importante que nos fijemos unos objetivos y se los presentemos a nuestro cliente.

Lo hacemos, en primer lugar, al comienzo de cada nuevo año, tal vez asignando algunos al ámbito laboral, otros al personal y social y, al hacerlo de este modo, en la mayoría de los casos, nos esforzamos por conseguirlos antes de que termine el año. ¿Por qué no habría de aplicarse también al plan de redes sociales?

1. https://www.inc.com/peter-economy/this-is-way-you-need-to-write-down-your-goals-for-faster-success.html (última consulta el 7 de junio de 2020).

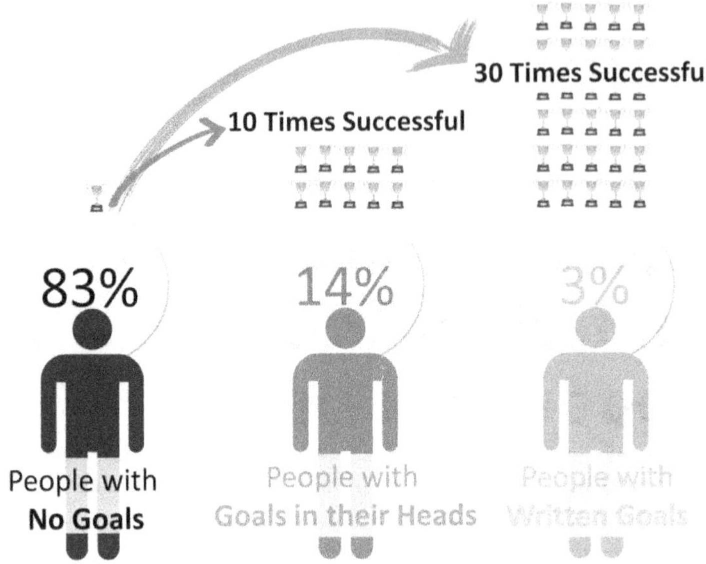

Figura 6.1 - Escribir tus objetivos para aumentar las posibilidades de conseguirlos[2]

La definición de los objetivos

Los objetivos, para ser concretos, deben estar vinculados a métricas precisas, que varían de un caso a otro. Si, de hecho, la marca A, tal vez una startup, tiene como objetivo prioritario darse a conocer, la marca B, que se dedica a la generación de clientes potenciales, tiene como objetivo principal adquirir un determinado número de contactos a un determinado coste por contacto. De ello se desprende que, para diferentes objetivos, hay que tener en cuenta y analizar diferentes métricas. Si tienes dificultades para definir objetivos precisos para las estrategias sociales, no estás solo. La investigación *Sprout Social Index: Empower* y *Elevate*[3] ha demostrado que muchos profesionales del marketing tienen problemas para alinear los objetivos sociales con los de la empresa.

> *“Para diferentes objetivos, hay que tener en cuenta y analizar diferentes métricas.”*

2. https://financesonline.com/tips-writing-goals-increase-productivity-work/ (última consulta el 7 de junio de 2020).
3. https://sproutsocial.com/insights/data/index (última consulta el 7 de junio de 2020).

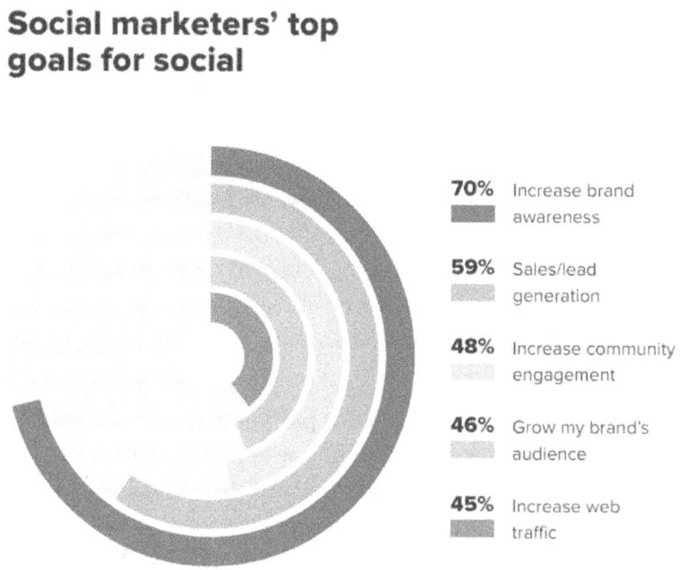

Figura 6.2 - Los principales objetivos de los profesionales de marketing social[4].

La investigación, de hecho, muestra cómo los objetivos varían de una empresa a otra (Figura 6.2). En los primeros puestos vemos el conocimiento de la marca, seguido por la generación de ventas y de contactos, el aumento de la interacción con la comunidad, el incremento del tráfico, etc.

La notoriedad de la marca, traducida vulgarmente como visibilidad, es —¡por desgracia!— el objetivo declarado de muchos. «¿Por qué has abierto una página en Facebook? ¡Para tener visibilidad!», suele responder la pequeña empresa.

El problema es que se trata de una puerta abierta a la obtención de resultados confusa: ¿qué es lo que se ve? ¿Las impresiones? ¿Las personas alcanzadas? ¿Los «Me gusta»? Aumentar la interacción por parte de la comunidad no es, ni puede ser, un objetivo en sí mismo, precisamente porque la interacción, en las redes sociales, es un medio, no el fin.

Cada marca debe tener sus propios objetivos y, con cada uno de ellos deben asociarse métricas para medir su consecución (KPI), que permitan una correcta medición.

4. https://sproutsocial.com/insights/social-media-goals (última consulta el 7 de junio de 2020).

Los objetivos principales

¿Cuáles podrían ser, por tanto, los principales objetivos por los que una marca decide estar presente en las redes sociales, de forma orgánica y/o pagada?

Dividámoslos en cuatro macrosegmentos:

- notoriedad: dar a conocer la marca o aumentar el conocimiento de la misma;
- consideración: estimular la consideración de compra;
- conversión: adquirir contactos o vender;
- atención al cliente: ofrecer un canal para recibir asistencia e información.

Estos son los objetivos más perseguidos por las marcas en las redes sociales, pero también puede haber otros. Como, por ejemplo, la gestión de la reputación de la marca, la obtención de información valiosa sobre el mercado o los candidatos, la identificación de las crisis y la mejora de las comunicaciones internas, como señala el programa Hootsuite Social Media Barometer[5].

Es muy importante, por lo tanto, una vez analizada la situación de partida, pero también y sobre todo tras estudiar los objetivos de marketing de la marca, definir el propósito de la presencia en las redes sociales, que, por supuesto, debe estar ajustada a las mismas. Si tenemos que lanzar una nueva marca al mercado, probablemente uno de los principales objetivos será al principio darla a conocer a nuestro segmento de clientes potenciales; si tenemos determinados objetivos de venta para una marca conocida y consolidada, lo más probable es que nos centremos en la adquisición de contactos y de clientes, etc.

En la mayoría de los casos, esto implicará la creación de contenidos de valor, de publicaciones atractivas y de una comunidad en las distintas redes sociales de referencia, que apoye las actividades, permanezca conectada a la marca y a sus comunicaciones y, por supuesto, proporcione apoyo en términos de justificación social. Precisamente porque son las interacciones y las relaciones el medio con el que alcanzar los objetivos descritos. Pero ¿cómo medir todo esto?

Los KPIS

Si hablamos de objetivos, tenemos que establecer KPIs, es decir, indicadores de rendimiento: los datos que nos muestran cómo están funcionando nues-

5. https://blog.hootsuite.com/smart-social-media-goals (última consulta el 7 de junio de 2020).

tras prestaciones. Examinándolos, entenderemos si lo estamos haciendo bien o no, serán los «números» que consideremos relevantes según los fines para los que hayamos activado nuestras estrategias sociales.
Los KPI son diferentes dependiendo de las redes sociales en las que estemos trabajando: no todas ofrecen los mismos datos ni ponen a disposición la misma cantidad de ellos. Por ejemplo, encontrar en otra parte el volumen de información que ofrecen las páginas de Facebook a través de la función de descarga de información es muy difícil. Por lo tanto, es muy importante identificar, para cada una de las plataformas utilizadas, las métricas clave que se deben monitorear y monitorear siempre esas.

Un ejemplo

Si uno de nuestros principales objetivos es el conocimiento de la marca y queremos medir hasta qué punto incide la actividad a través de nuestra página de Facebook, podemos elegir considerar el alcance —el número de personas a las que se llega— y/o las impresiones, es decir, el número de vistas generadas. Estas dos métricas, que muchos confunden, son en realidad muy diferentes: una se refiere a los usuarios, la otra a las visualizaciones que generan. ¡No es exactamente lo mismo! Y no se pueden sumar, ni podemos pensar en seguir un mes una y otro mes la otra, porque tendríamos datos esquizofrénicos, con subidas o bajadas que parecerían totalmente injustificadas.

Por tanto, los KPI que tendremos en cuenta para guiarnos en nuestro trabajo deben ser:

- siempre los mismos a lo largo del tiempo;
- calculados de la misma manera (y esto es particularmente importante, en especial si se cambian las herramientas de monitoreo);
- definidos a priori;
- medidos durante todo el periodo en el que se persigue un determinado objetivo.

En líneas generales, las principales métricas que tenemos a nuestra disposición más o menos en todas las plataformas sociales, divididas por los objetivos más comunes, son las siguientes.

- Conocimiento de la marca:
  - reach;
  - impresiones;
  - menciones;
  - veces compartidas;
  - índice de viralidad (cuando se mide);

    - seguidores/fan;
    - crecimiento de seguidores;
    - sentimiento;
    - reproducciones de vídeo.
- Consideración:
    - interacciones («Me gusta», comentarios, «Compartir»);
    - tasa de compromiso;
    - enlaces de clic/visitas;
    - coste por clic de enlace.
- Conversión:
    - tasa de conversión;
    - número de consultas de información generadas;
    - número de clientes potenciales generados;
    - número de compras generadas;
    - CPL;
    - CPA;
    - ingresos.
- Atención al cliente:
    - número de solicitudes de información tramitadas;
    - tasa de respuesta;
    - tiempo de respuesta;
    - satisfacción del cliente;
    - problemas resueltos.

Se trata, por supuesto, de KPI orientativos, que deben ser bien evaluados en función de las redes sociales donde se pretende tener presencia, las métricas que ofrece cada una, el peso que tiene la parte pagada en la estrategia y, sobre todo, las herramientas que van a utilizarse. Cada herramienta, de hecho, ofrece un conjunto de KPIs preestablecidos, que a menudo combinan varias métricas y a veces son específicos de la propia herramienta. Además, los mismos KPIs pueden calcularse de diferentes maneras: piensa que hay hasta seis de ellos para calcular el índice de compromiso[6]. Todo depende de los datos a los que puedas acceder o de los que pone a disposición la herramienta que has elegido utilizar. Por ejemplo, Fanpage Karma ofrece un índice para comparar páginas de Facebook, el índice de rendimiento de la página[7], propio de la plataforma.

6. https://blog.hootsuite.com/calculate-engagement-rate/ (última consulta el 7 de junio de 2020).
7. https://blog.fanpagekarma.com/2014/07/01/social-media-kpis-explained/ (última consulta el 7 de junio de 2020).

En cualquier caso, siempre es bueno asociar también un análisis cualitativo de los datos, porque los números por sí solos no son suficientes, como veremos en la sección dedicada a los informes.
En Instagram podrías tener hasta 200k seguidores y miles de interacciones semanales, pero ¿qué haces con ellos si ninguna de estas personas que te siguen —o interactúan— está en línea con el perfil de tu cliente típico o, en todo caso, de tu persona-objetivo?
Si se quiere mejorar la reputación de la marca, será importante medir no solo el número de menciones de la marca, la calidad de esas menciones, sino también las reseñas recibidas y, por supuesto, el sentimiento que tienen.
Si trabajamos en el sector sin ánimo de lucro, será crucial monitorear las suscripciones y las donaciones que generen las redes sociales; asimismo, si representamos a un negocio local y, en general, ofrecemos un servicio telefónico y con base física, también resulta muy importante monitorear los distintos clics en «Cómo llegar» y en los «Llamar ahora»: representan consideraciones reales de compra.

Objetivos genéricos *vs.* objetivos SMART

¿Cuáles deberían ser los objetivos, para darles aún más concreción y accesibilidad? Absolutamente SMART.

- **Specific (Específicos)**: «darse a conocer» es un objetivo muy genérico, lo contrario de concreto. Para que la definición de nuestros principales objetivos dé sus frutos, tenemos que centrarnos en algo fácilmente identificable, por ejemplo, aumentar los clientes, darnos a conocer a nuestro público meta en una zona geográfica determinada o adquirir más contactos.
- **Measurable (Medibles)**: otro objetivo que se oye a menudo es «tener más visibilidad». ¿Cómo se mide esto en la práctica? Al final de mes, ¿en qué métricas te centras? Dicho así, es solo un camino abierto hacia la desmaterialización de los objetivos y, por tanto, el humo. Medible es el número de clientes adquiridos de manera directa e indirecta a través de las redes sociales —aunque sea en parte, como veremos—, los contactos generados, las personas comunicadas, el sentimiento, las peticiones de información recibidas. En resumen, los propósitos de nuestra presencia social deben ser reconducibles a los KPIs.
- **Achievable (Alcanzables)**: «Quiero aumentar mi facturación en un 40 % gracias a las actividades en Facebook e Instagram» es un objetivo muy concreto, pero ¿hasta qué punto es alcanzable? Difícilmente lo es

si tu presupuesto es de cien euros al mes, acabas de empezar tu actividad en las redes sociales y eres una marca prácticamente desconocida. El objetivo que nos marcamos debe ser factible y debe determinarse teniendo en cuenta el historial y utilizando el sentido común.

- **Relevant (Relevantes)**: «Quiero incrementar un 25 % los «Me gusta» de las publicaciones» es sin duda alguna un objetivo específico, medible y probablemente alcanzable, pero ¿hasta qué punto es relevante? Para nuestros objetivos de negocio, ¿tiene realmente sentido? Probablemente no. Lo que decidimos perseguir debe tener valor, en primer lugar, en el contexto socioeconómico en el que nos encontramos y, después, en función de los fines más amplios de negocio que tenemos; de lo contrario, corremos el riesgo de caer en el mero recuento de las métricas de vanidad, muy agradables para nuestros egos, pero poco proficuos para la cartera.
- **Time-Bound (Limitados en el tiempo)**: hay que definir un periodo de tiempo en el que alcanzar nuestros objetivos, de lo contrario corremos el riesgo de no alcanzarlos nunca y de no saber cómo distribuir las distintas actividades durante la duración del proyecto.

Veamos algunos ejemplos concretos de objetivos SMART. Uno de nuestros clientes, tenía entre sus principales objetivos anuales aumentar la base de datos de contactos. Observando los resultados obtenidos en el año anterior a través de Facebook Ads y el coste medio por cliente potencial obtenido, estimando un rango dentro del cual era razonable mantener el CPL y, sin perder de vista el presupuesto desembolsable, fijamos un objetivo de diez mil clientes potenciales adquiridos a través de Facebook Ads en el plazo de un año. De este objetivo se derivaban los distintos microobjetivos trimestrales y todas las iniciativas programables para garantizarnos el resultado, incluida la creación de recursos descargables, cupones, etc. Este es un objetivo SMART, definido en el tiempo, específico, alcanzable, medible y relevante.

Otro ejemplo, menos relacionado con la generación de contactos y las ventas, es el de una marca de bolsos artesanales que quiere lanzarse al mercado local, en primera instancia, y estimular el interés de su público principal (mujeres de 25 a 45 años, entusiastas de la moda). Uno de los principales objetivos podría ser conseguir darse a conocer, llegando así al menos al 25 % del público meta estimado (cifra de ejemplo: quinientas mil personas) y estimular el interés y la participación —reproducciones de vídeos, comentarios, mensajes, «Me gusta»— al menos de un 20 % de este segmento. Será importante en ese momento calcular cuidadosamente el presupuesto publicitario que se va a invertir, evaluar un plan editorial específico y, sobre todo, identificar qué iniciativas van a permitir lograr el resultado de la manera más efectiva y al mejor precio, como por ejemplo el marketing de influencers[8].

Obviamente, para fijarnos objetivos SMART, necesitamos datos, en especial de los históricos, o de una experiencia particular en el sector y/o con marcas muy similares, que nos permitan calcular los resultados que se pueden conseguir con los recursos humanos, económicos y temporales de que disponemos. Por eso, si por un lado es importante la fase de análisis de la que hemos hablado para poder aventurar previsiones y fijar objetivos futuros, por otro la experiencia y el estudio de los datos —incluidos los de mercado— son fundamentales para evitar proponerse objetivos que sean castillos en el aire.

Pongamos otro ejemplo real para aclarar mejor nuestras ideas. Tomemos una de las categorías más extendidas en el mundo, esto es, las pequeñas empresas locales. ¿Qué objetivos, por ejemplo, podría tener un restaurante que decide tener una presencia efectiva en las redes de Facebook e Instagram? Probablemente, ser aún más conocido en la zona, estimular la consideración de sus clientes potenciales y, por supuesto, adquirir contactos y patrocinadores. Esto se traduce en lo que son, en general, los objetivos y los principales KPIs de las actividades locales en las redes sociales, como vemos en la figura 6.3.

Cómo hacerlos SMART: el objetivo del próximo trimestre podría ser captar un 20 % más de público meta y aumentar las solicitudes de reserva en un 15 %. Por supuesto, habrá que establecer presupuestos e iniciativas ad hoc.

La inversión en redes sociales y los objetivos

Una de las tareas más delicadas y cruciales del gestor de redes sociales es definir en qué redes sociales invertir para alcanzar los objetivos. No siempre, en efecto, se nos pide que gestionemos específicamente una presencia social; lo que quizá realmente se nos está pidiendo entender, junto con el cliente, dónde vale la pena estar presentes. Y es un servicio que debemos poder dar, sin duda alguna.

Esta actividad no es tan obvia como parece: los ecosistemas sociales no solo pueden ser increíblemente diversos entre ellos en cuanto a características y tipo de usuarios implicados, sino que además cambian de cara de año en año, con nuevas funcionalidades y, sobre todo, nuevos datos de uso.

8. Si quieres profundizar en el tema, te recomiendo el libro de M. Pogliani, *Influencer marketing. Valorizza le relazioni y dai voce al tuo brand. Prassi, strategie e strumenti per gestire influenza e relazioni*, Flaccovio Editore, Palermo, 2019.

	MAIN GOAL	KPI	NOTAS
NOTORIEDAD	Dar a conocer la marca	• Cobertura (cualificada) de pago/orgánica • Impresión (cualificada) de pago/orgánica • Fan (cualificados)	
CONSIDERACIÓN	Generar interés	• Interacciones • Visitas al sitio • Reproducciones de vídeo • Peticiones de información	
CONVERSIÓN	Generar contactos y ventas	• Petición de presupuesto • CPL/CPA • N.º de contactos /ventas • Precio medio pedido • CR • ROAS	En caso de empresas locales, también los clics en «Llamar ahora» y «Cómo llegar» son importantes
ATENCIÓN AL CLIENTE	Ofrecer un servicio de asistencia al cliente	• Nº de peticiones procesadas • Tiempo medio de respuesta • Tasa de satisfacción del cliente	

Figura 6.3 - Ejemplo de objetivos y KPI de actividad local.

Las redes sociales también están sujetas a las modas. Por lo tanto, puede ocurrir que una de ellas se vuelva muy popular en el momento del lanzamiento y luego, con el tiempo, pierda vigor e interés. Esto es lo que ocurrió con Google+, que, en poco menos de un año y medio tras su nacimiento, ya contaba con más de quinientos millones de miembros[9] y, luego, fue cerrado, en la parte de consumo, en abril de 2019, oficialmente por problemas de vulnerabilidad, pero también porque, según admitió la propia empresa, las cifras de utilización eran bajas[10]. También puede ocurrir que una determinada red social «estalle», quizá porque introduce novedosas características que son del gusto de los usuarios, solo para ser superada por otra mucho más grande, que estudia e implementa otras similares poco después (históricamente, la más potente es Facebook, con toda la familia de aplicaciones que forman parte de ella). El caso de Snapchat es igualmente conocido: en 2013 presentó la función Stories, que permitía publicar en la aplicación contenidos visibles solo durante un tiempo determinado, para luego desaparecer; en 2016 Instagram proporciona la misma funcionalidad para sus usuarios (integrada más tarde también en Facebook, Messenger y WhatsApp) y, en muy poco tiempo, derrota al inventor de los contenidos sociales efímeros, superándolo en usuarios implicados.

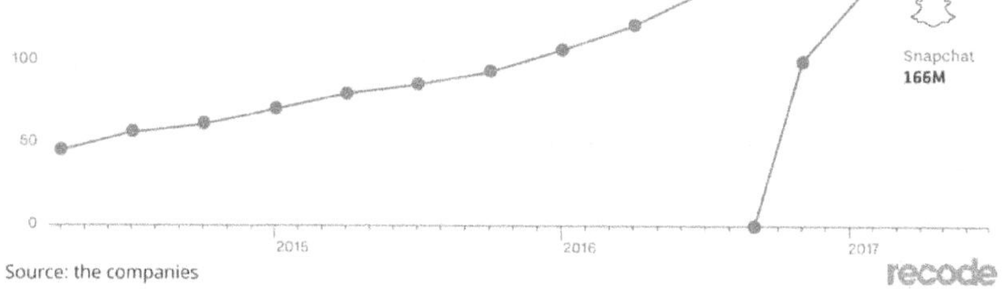

Figura 6.4 - La introducción de las historias en Instagram y la rápida superación de Snapchat en términos de usuarios activos diarios[11].

9. https://mashable.com/2012/12/06/google-plus-500-million-members/?europe=true (última consulta 7 junio de 2020).
10. https://support.google.com/plus/answer/9195133?hl=en (última consulta el 7 de junio de 2020).
11. https://www.vox.com/2017/6/20/15836248/instagram-stories-250-million-users-snapchat (última consulta el 7 de junio de 2020).

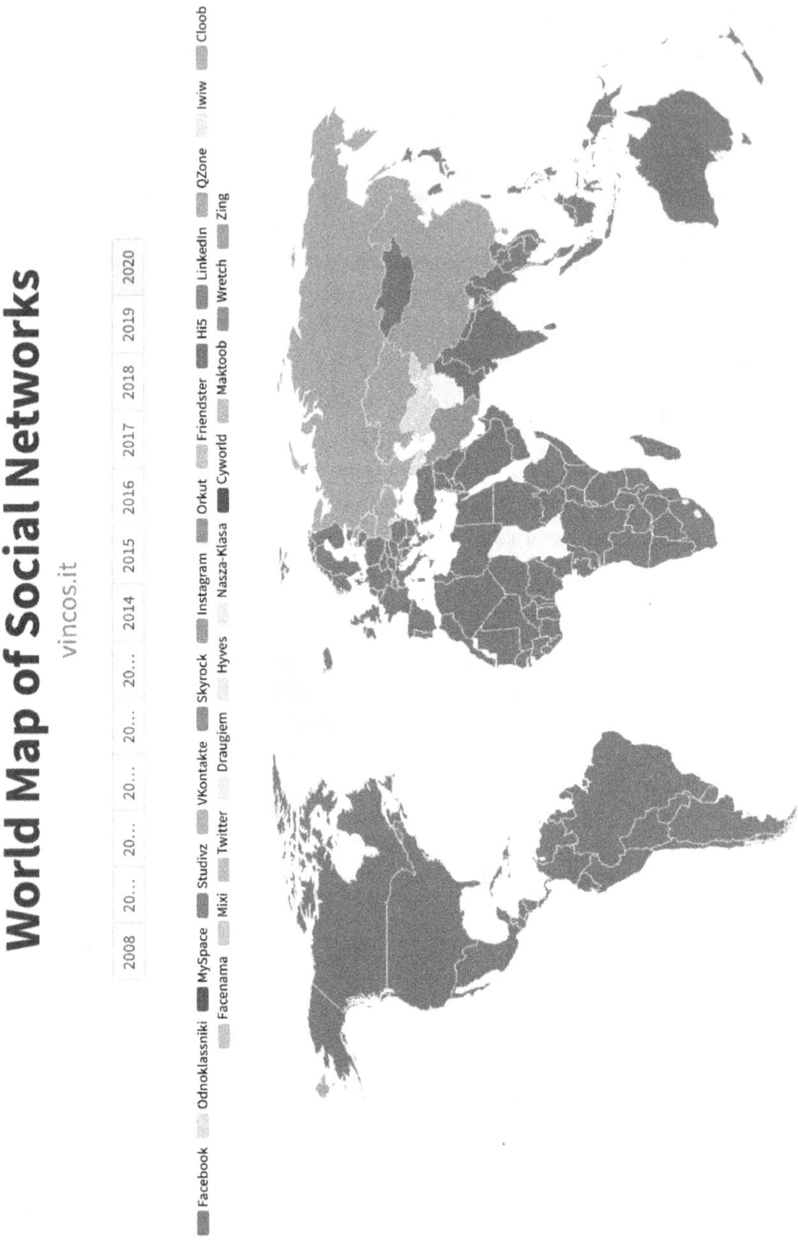

Figura 6.5 - Mapa de la difusión de las redes sociales en el mundo.

¿Significa esto que Snapchat es una red social obsoleta? No, en absoluto, todo lo contrario. Entre otras cosas, porque, en algunos casos, sobre todo si queremos llegar e implicar a jóvenes y a muy jóvenes[12], puede representar un verdadero recurso, precisamente porque es menos «mainstream» que Instagram.

En este ámbito también podemos decir el refrán «Adonde fueres, haz lo que vieres». Nos inclinamos a dar por sentado que, como en nuestra realidad las redes sociales más populares son Facebook e Instagram, ambas los son también en el resto del mundo. Sin embargo, algunos datos dicen lo contrario, como puede verse en la figura 6.5., y debemos adaptarnos a esta diversidad. Así, descubrimos que, si queremos llegar al usuario ruso, captarlo y convertirlo, probablemente sean las redes sociales VKontakte y Odnoklassniki las que hemos de tener en cuenta; mientras que, si queremos tener presencia en el mercado chino, en modo alguno podemos excluir redes sociales como QZone o WeChat.

También has de tener en cuenta que, precisamente porque se trata de crear relaciones, es fundamental el conocimiento de la cultura, de las costumbres y, por supuesto, del idioma de las personas a las que quieres comprometer. Por eso, en especial si hablamos de las culturas orientales, la sugerencia es siempre ponerse en manos de agencias/profesionales autóctonos —o al menos de quienes tienen un gran conocimiento del público meta y de su ecosistema— precisamente porque no basta con traducir un contenido para que tenga éxito en diferentes mercados.

La de la figura 6.6, en cambio, es una panorámico de las principales redes sociales, con las correspondientes cifras de usuarios activos en todo el mundo.

Como puede verse, Facebook y las redes sociales que forman parte de su ecosistema —Messenger, WhatsApp, Instagram— lideran la clasificación, con más de 2.900 millones de usuarios activos al mes; YouTube es una plataforma muy utilizada, y las mencionadas WeChat, QQ y QZone, son muy populares en China. También hay que destacar TikTok, que alcanzó el notable número de 800 millones de usuarios activos.

En conclusión, ¿solo vale la pena invertir en las redes sociales más populares? No, todo depende de a quién queramos llegar e implicar, así como, por supuesto, de la difusión de esa red social específica en la zona donde se encuentra nuestro público meta.

12. https://www.statista.com/statistics/933948/snapchat-global-user-age-distribution/ (última consulta el 7 junio de 2020).

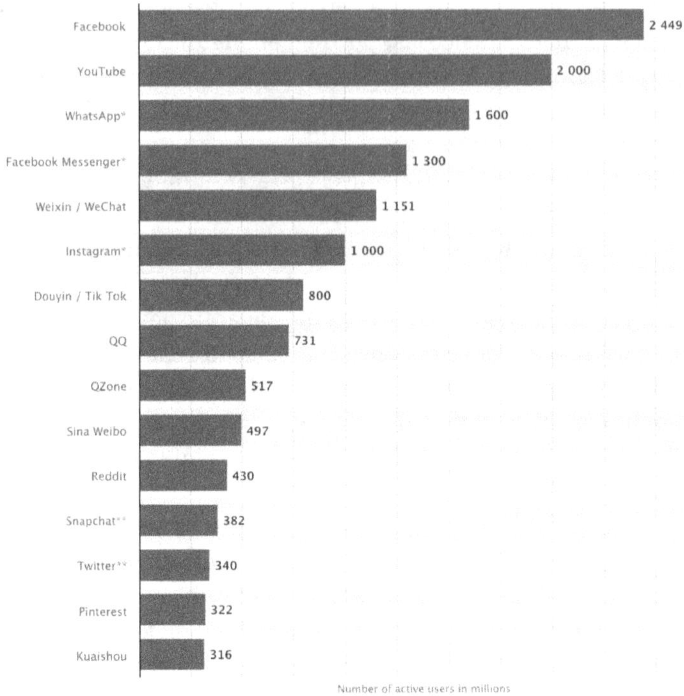

Figura 6.6 - Visión general de los usuarios activos en las redes sociales (mundo)[13].

Por ejemplo, si trabajamos en el campo del B2B, no podemos pasar por alto en absoluto LinkedIn, la red social de negocios por excelencia; si vendemos accesorios y joyas femeninos y nuestro cliente tipo reside en Estados Unidos (aunque no solo ahí[14]), Pinterest podría ser un excelente canal, dado el carácter visual y el impacto que puede tener en las decisiones de compra[15]. Si tenemos que comercializar videojuegos y, entre nuestros clientes tipo, se encuentra el adolescente entusiasta, es imposible descuidar YouTube[16], del mismo modo que si trabajamos en el campo de las noticias y la política,

13. https://www.statista.com/statistics/272014/global-social-networks-ranked-by-number-of-users (última consulta el 7 de junio de 2020).
14. https://www.statista.com/statistics/328106/pinterest-penetration-markets/ (última consulta el 7 de junio 2020).
15. https://sproutsocial.com/insights/pinterest-statistics/ (última consulta el 7 de junio de 2020).
16. https://www.thinkwithgoogle.com/consumer-insights/statistics-youtube-gaming-content/ (última consulta el 7 de junio de 2020).

especialmente a nivel nacional e internacional, no podemos excluir en modo alguno Twitter. En caso de que vendamos, por último, productos o servicios para los más jóvenes o, de alguna manera, estamos interesados en llegar precisamente a este segmento de usuarios, Snapchat y TikTok podrían resultar nuestros mejores aliados.

La cuestión es que, más allá de las cifras, a la hora de elegir en qué redes sociales invertir, debemos fijarnos en primer lugar en el tipo de personas que pasan su tiempo en ellas[17], cómo las utilizan y cómo influyen en sus decisiones.

Solo hay una manera de hacer esto: estar constantemente al día en tendencias, estadísticas, estudios y, en general, datos cualitativos y cuantitativos de uso de las mismas redes sociales.

Otro aspecto importante a tener en cuenta a la hora de decidir dónde invertir está vinculado a los objetivos. Si, por ejemplo, queremos adquirir contactos —y por lo tanto, la generación de clientes potenciales— debemos tomar en consideración plataformas con un sistema de publicidad bien orientado al objetivo, como Facebook, Instagram, LinkedIn y Twitter. Si, por el contrario, queremos hacer gestión de marca y estimular las ventas a través de una campaña de marketing de influencers, apenas podremos prescindir de Instagram o incluso de YouTube, Snapchat y TikTok.

Los casos más comunes

En general, cuando se trata de pequeñas y medianas empresas B2C, la elección recae en Facebook e Instagram. En B2B también, o solo en LinkedIn, con una presencia más o menos activa también en YouTube, dependiendo de la cantidad y calidad de vídeos producidos y de la industria.

Mejor no tener presencia a que sea escasa y mala

Y aquí surge otra cuestión central: ¿en cuántas redes sociales hay que estar presentes?

A menudo, atrapados por el afán de «estar ahí», se crean presencias sociales en casi todas partes, solo para abandonarlo todo al poco tiempo por falta de tiempo y de recursos. Basta con pensar en las cuentas de Twitter cuya última actualización se remonta a 2014... Todo esto no solo es una pérdida de tiempo, sino que además da una pésima imagen de la propia marca.

17. https://sproutsocial.com/insights/new-social-media-demographics/ (última consulta el 7 de junio de 2020).

Por eso hay que tener en cuenta otro aspecto esencial: los recursos económicos y humanos disponibles.
Contar con una presencia estratégica en las redes sociales significa no solo tener conocimiento profundo de las dinámicas, de los lenguajes y de las características propias de cada una de ellas. Significa también tener el tiempo —y, por tanto, suficientes personas cualificadas— para poder desarrollar una estrategia sensata para cada una, gestionar las interacciones, realizar posibles campañas publicitarias en los distintos ecosistemas, monitorear los resultados y, por supuesto, estar al día de las novedades que cada red social, periódicamente, incorpora en sus herramientas y sus funcionalidades.
No es casualidad que, muy a menudo, sean las marcas superestructuradas las que están presentes en todas partes y son también las primeras en crear su propia presencia cuando una determinada red social adquiere popularidad: tienen los recursos para garantizar una presencia efectiva.
¿Significa esto que tenemos que quedarnos quietos y callados cuando surge la oportunidad de ser pioneros en otro espacio social? En absoluto, sobre todo porque, en general, los que llegan primero se benefician de un ecosistema «menos concurrido»: lo que se traduce, muy a menudo, en una mayor visibilidad gratuita.
Sin embargo, si tenemos que abrir una cuenta de TikTok para nuestra marca únicamente porque todo el mundo habla de la misma, para encontrarnos al cabo de un par de semanas sin saber qué publicar porque la red social requiere un nivel de creatividad y de atención a las tendencias que no somos capaces de gestionar, entonces lo mejor es dejarlo correr. En general, las marcas pequeñas y medianas tienen dinero y tiempo limitados, y en cualquier caso, siempre es bueno concentrarlos donde vale la pena y se tiene la seguridad de poder construir un camino propio y, sobre todo, una comunidad propia.

> *“Mi consejo para quienes tienen que iniciar su aventura profesional en las redes sociales es avanzar con una presencia gradual.”*

Mi consejo para quienes tienen que iniciar su aventura profesional en las redes sociales
es avanzar con una presencia gradual que, tal vez, incluya la inversión para el primer año en una/dos redes sociales y, luego, una expansión posterior a otras redes. Más consciente.
Recuerda: menos es más. En un mundo en el que todos están en todas partes y luchan por su propia porción de visibilidad, a menudo con contenidos de escaso valor, es mejor que nuestra presencia sea menor, pero buena.

Capítulo 7

La estrategia del plan de redes sociales

Una vez que hemos realizado el análisis, definido los objetivos y, naturalmente, dónde estar presentes, es el momento de desarrollar una estrategia bien dirigida. Las dos primeras actividades en las que hay que concentrarse son cómo contar la marca en las redes sociales y qué contenidos desarrollar para lograr nuestros objetivos implicando a la gente. Después, por supuesto, valoraremos cómo distribuir el presupuesto para publicidad. Por otra parte, ¿de qué sirve diseñar publicaciones fabulosas si luego muy pocas personas pueden verlas?

La voz de las redes sociales

Muchos piensan que las marcas, en las redes sociales, deben ser juguetonas, bromistas y utilizar un tono directo que se ajuste bien al contexto, pero no siempre es así. Es necesario respetar la propia personalidad, modulándola obviamente respecto a la óptica social, pero manteniéndose siempre fieles y coherentes con lo que los usuarios conocen o podrían esperarse al «encontrarse» con la marca en Internet y fuera de la red.

¿Te imaginas un refinado tres estrellas Michelin que acompaña la imagen de uno de sus platos con un pie de foto como: «¡Guau, qué bueno, tienes que probarlo! ¡Ñam!»? O bien una histórica institución bancaria deseando Felices Pascuas con una publicación tal como: «¡Felices fiestas! ¡¡¡Y, sobre todo, no te hinches a chocolate este fin de semana, eh!!! (emoji pollito-emoji sonrisa-emoji corazón)»? Probablemente verías una irremediable ruptura entre la idea que tienes de esa marca —y que ella misma ha intentado construir en tu mente, a lo largo del tiempo, a través de la publicidad, mensajes y contactos directos— y lo que tienes delante de tus narices.

El administrador de comunidades, de hecho, como cualquiera que se ocupe de comunicar la empresa en las redes sociales, para hacer bien su trabajo tiene que identificarse con la marca. Exactamente igual que si fuera un actor, como dijimos. Y, para poder hacerlo, debe reflejar la identidad de la marca, es decir, la personalidad y la promesa que representa para sus clientes.

La gente debe tener una experiencia que sea coherente con la empresa, sea cual sea el canal a través del que entran en contacto. Y la marca debe estar representada de forma homogénea en todas partes, ya sea una campaña de carteles, en redes o en televisión, adaptándose, obviamente, al contexto.

La coherencia, de hecho, es fundamental para generar credibilidad[1] y, aparte del diseño, debe comunicarse también, y sobre todo, a través de los mensajes que se transmiten. La voz que decidamos utilizar en Facebook o Instagram, por tanto, debe reflejar la personalidad de la marca y es algo que debe definirse absolutamente de entrada y para siempre. No solo si son varias las personas que gestionan la presencia de la marca (¿te imaginas que cada uno de nosotros publicara posts según sus preferencias personales y su manera particular de hablar?), sino también si tenemos que hacerlo para un cliente o para nuestra empresa, para estar seguros de que reflejamos de la mejor manera posible lo que tenemos que contar.

Hay que definir la personalidad de la marca y, en lo posible, poner por escrito ejemplos orientativos para modularla en los distintos canales.

> *«La voz y el tono de voz de las redes sociales no representan el mismo concepto.»*

¿Cómo hacerlo? En primer lugar, empecemos con una aclaración importante: la voz y el tono de voz de las redes sociales no representan el mismo concepto.

También es necesaria una segunda distinción: la «voz» representa la personalidad de la marca —seria, profesional, creativa—, mientras que el «tono» es la inflexión aplicada según las circunstancias. En definitiva, mientras que el tono de voz representa la aplicación de la misión[2], la voz de las redes sociales coincide con la misión empresarial y, para fijarla correctamente, hay que responder a algunas preguntas fundamentales (Figura 7.1), como:

- Qué tipo de lenguaje y de tono utiliza nuestro público?
- ¿Cuáles son nuestros valores?
- ¿Cuál es nuestro objetivo, cuál es nuestra misión?

1. https://www.entrepreneur.com/article/289167 (última consulta el 7 de junio de 2020).
2. https://buffer.com/library/social-media-marketing-voice-and-tone (última consulta el 7 de junio de 2020).

- ¿Cómo describimos nuestra personalidad? Si tuviéramos que utilizar tres adjetivos para describirnos, ¿cuáles utilizaríamos? ¿Cuáles, por el contrario, no utilizaríamos?
- Si nuestra marca fuera una persona, ¿cómo la describiríamos?
- ¿Qué lenguaje nos caracteriza? ¿Complejo, simple, jergal, serio, profesional?

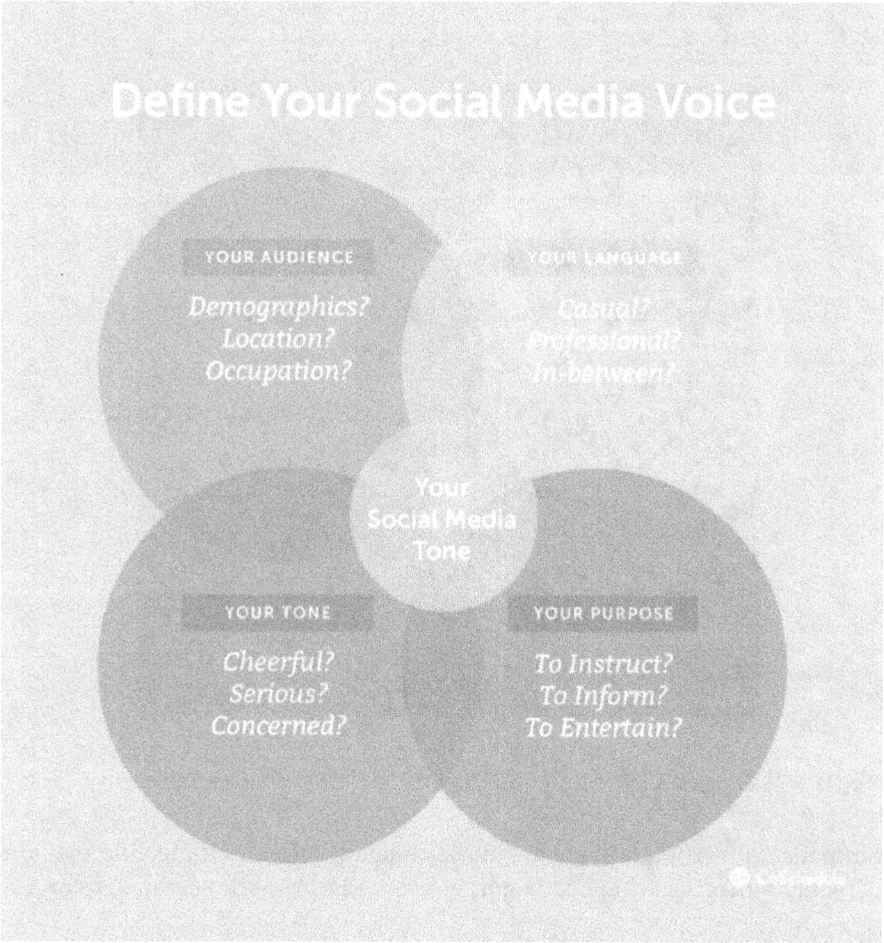

Figura 7.1 - Cómo definir la voz de las redes sociales[3].

3. https://coschedule.com/blog/how-to-write-for-social-media/ (última consulta el 7 de junio de 2020).

La voz de Netflix en Facebook

Si observamos, por ejemplo, una marca como Netflix (Figura 7.2), no es difícil definir su voz en las redes sociales y ver cómo se ha alineado perfectamente con la misión de la marca[4], que busca mejorar las vidas y llevar diversión y emociones a los hogares de sus clientes.

Figura 7.2 - Ejemplo de una publicación de Netflix en Facebook[5].

Simpática, divertida, atractiva, Netflix te habla como un amigo, de manera personal y directa, completada con el uso de la primera persona[6] y con un

4. https://mission-statement.com/netflix/ (última consulta el 7 de junio de 2020).
5. https://www.facebook.com/page/1635425726704522/search/?q=papel (úlltima consulta el 25 de agosto de 2022).
6. https://www.facebook.com/watch/?v=1942102955934733 (última consulta el 7 de junio de 2020).

lenguaje sencillo que reproduce a la perfección expresiones y herramientas propias del milennial y del centennial. Desde los emoji[7] a los memes[8].
No es de extrañar el uso de frases cortas, simples y a veces herméticas, que apuntan más al impacto de la parte visual, vídeos o imágenes. Por el contrario, se evitan los tonos profesionales y serios. Aunque el plan editorial esté correctamente diversificado en función de las redes sociales (como Twitter[9] e Instagram[10], por ejemplo), la marca es siempre muy reconocible por su personalidad original y su tono de voz generalmente simpático y acogedor.

La voz de Chicco en Instagram

Muy diferente es la voz de Chicco en las redes sociales (Figura 7.3).
La marca vende «productos para la infancia que acompañan con amor y experiencia todos los momentos irrepetibles del crecimiento del niño» y, precisamente como si fuera una madre o una abuela cariñosa, habla directamente a los padres, con un lenguaje emotivo, desde un estado de ánimo que podríamos calificar como «mimoso».
Chicco pretende transmitir lo mucho que la marca cuida y se preocupa por el bienestar de las figuras más importantes para el público meta: sus hijos pequeños.
Las frases son más articuladas y más explicativas y hay una marcada recurrencia de palabras que pretenden transmitir cercanía y tranquilidad. No es casualidad que, entre los valores fundamentales de la marca, encontremos la proximidad, entendida como escucha, la comprensión y la pasión por las necesidades de padres y niños[11].

La voz de Dior en las redes sociales

La personalidad social de la marca debe reflejar la propia marca; por lo tanto, no resulta sorprendente que empresas que pretenden representar la excelencia, el lujo, la elegancia, se muevan en las antípodas. Mira ahora, por ejemplo, cuál es el relato de Dior sobre sí misma en Facebook, Instagram o Twitter.

7. https://www.facebook.com/netflixitalia/posts/3084326951612589?__tn__=-R (última consulta 7 de junio 2020).
8. https://www.facebook.com/netflixitalia/photos/a.1002421313136507/3035549069823711/?type=3&theater (última consulta el 7 de junio de 2020).
9. https://twitter.com/NetflixIT/status/1245776562345127948 (última consulta el 7 de junio de 2020).
10. https://www.instagram.com/p/B-pOj7Bo8_g/ (última consulta el 7 de junio de 2020).
11. https://www.chicco.es/quienes-somos.html (última consulta el 25 de agosto de 2022).

Figura 7.3 - Ejemplo de la marca Chicco en Instagram[12].

Parece que estemos admirando a una mujer de excepcional belleza, etérea e inalcanzable, que te invita a ser escuchada mientras, con sus historias, te lleva a otra dimensión «donde encontrar la serenidad» (figura 7.4).

La inflexión del tono de voz

Una vez que tengamos más claro quiénes somos y qué tipo de personalidad nos caracteriza, también será más fácil adoptar la correcta inflexión de nuestro tono según las diversas ocasiones. Un método excelente es el sugerido por GatherContent, que recomienda seguir los pasos indicados en la figura 7.5.

https://www.instagram.com/tv/CNU--2Plcrc/?src=swipe_up (última consulta el 25 de agosto de 2022).

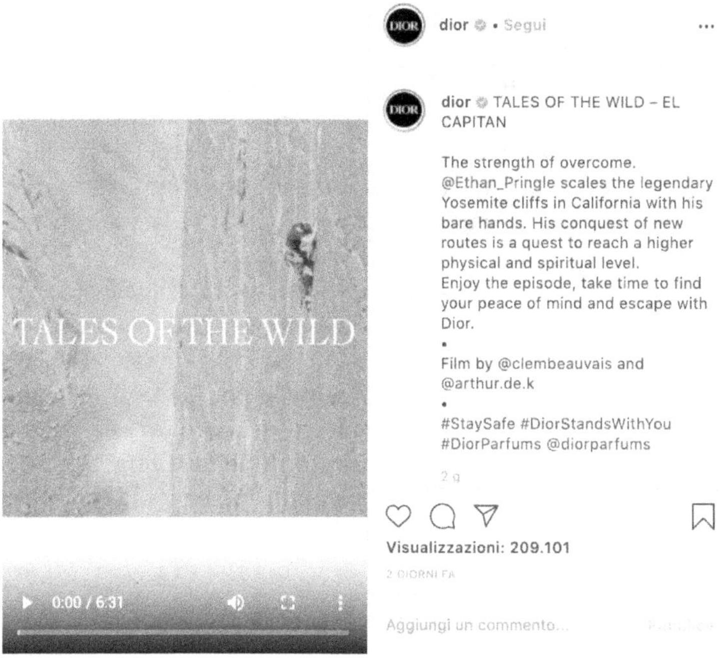

Figura 7.4 - Ejemplo de la marca Dior en Instagram[13].

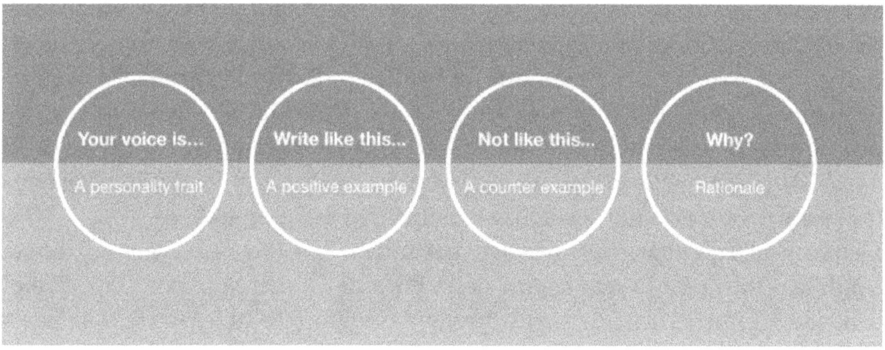

Figura 7.5 - La definición del tono de voz según GatherContent[14].

13. https://www.instagram.com/dior/?hl=it (última consulta el 7 de junio de 2020).
14. https://gathercontent.com/blog/a-simple-tool-to-guide-tone-of-voice (última consulta el 7 de junio de 2020).

Poner por escrito una serie de ejemplos en los que modulamos el tono en función de las circunstancias —publicación de un producto, aniversario de una publicación, respuesta a una queja, respuesta a una solicitud, oferta— es una de las mejores maneras de mantener correctamente el rumbo. Y dejar claro a uno mismo, al cliente y a quien vaya a representar el papel de la marca en las distintas ocasiones de qué forma comportarse, entre otras razones porque, como ya se ha dicho, no siempre es una única persona la que representa a la marca en todas las ocasiones en las redes sociales.

Especialmente en el caso de las marcas estructuradas, suele ocurrir que las campañas publicitarias en redes sociales sean gestionadas por una agencia mientras que la parte del plan editorial lo lleva otra persona de contacto o externamente: es bastante contraproducente —por no decir hablar de desagradable a la vista— cuando cada uno interpreta la empresa a su manera en cuestión, atribuyéndole voces y tonos completamente diferentes.

Tener un documento que explique claramente la voz y el tono de la marca reduce los tiempos de revisión y ayuda a uniformar el trabajo.

La elaboración de un buen plan editorial

Pasemos ahora a los contenidos y a cómo elaborar un plan editorial que sea merecedor de este nombre.

El plan editorial —PED— refleja la estrategia de contenidos que la marca seguirá a lo largo de un periodo determinado y permite no solo tener un claro esquema de acción, sino también poder programar las actividades y la publicación de los post, organizando así mejor el trabajo y disminuyendo el margen de error. Por regla general, el PED se redacta y lo aprueba el cliente/jefe, cuando es posible, un mes antes de su ejecución. Se siguen diferentes procedimientos dependiendo del sector: por ejemplo, en el caso del sector periodístico, se puede prever un conjunto de categorías y los distintos artículos se aprueban en cada ocasión, a medida que van a aparecer.

Respetar el calendario establecido garantiza, por un lado, que «el boss» conozca y suscriba lo que saldrá de la boca de la marca y, por otro, que el profesional pueda organizar sus tareas a tiempo. ¿Te imaginas lo que sería gestionar, aunque solo fueran cuatro o cinco clientes con los que acordar diariamente o por inspiración la estrategia de publicación?

> *“El plan editorial es un traje que debe adaptarse a la marca.”*

Por supuesto, el plan editorial es un traje que debe adaptarse a la marca, sobre todo teniendo en cuenta la estacionalidad de los servicios y productos que ofrece y cómo a cada época del año corresponde una predisposición, una necesidad, pero también una preferencia diferente por parte de los clientes. Desde la óptica, donde se considera la primavera como la mejor época para elegir las gafas de sol, hasta el sector de los viajes, donde, por ejemplo, un hotel que abre de mayo a septiembre no puede mantener exactamente el mismo plan editorial durante todo el año.

Es muy importante entender cómo las dinámicas del sector, las temporadas y determinadas efemérides —por ejemplo, las festividades— afectan a los patrones de compra y qué productos/servicios son los más importantes dependiendo del periodo, con el fin de apoyar las actividades con contenidos ad hoc.

Ni que decir tiene que —como siempre, en el trabajo y en la vida, al fin y al cabo— se requiere sentido común. Si se producen imprevistos positivos, como que la marca gane un premio, o negativos, como una catástrofe medioambiental, es necesario revisar completamente el PED y actualizarlo a la luz de lo ocurrido, en función del impacto que pueda tener en la propia marca y en el sector.

¿Cuál es el punto de partida para elaborar un buen plan editorial? En general, seguimos este esquema:

- Identificación de las categorías, es decir, los temas estratégicos que vamos a desarrollar periódicamente, en función de nuestros objetivos.
- Establecimiento del calendario editorial, es decir, las fechas en que está prevista la publicación de los posts, incluyendo posibles promociones.

La identificación de las categorías

Es esencial crear una estrategia de contenidos basada en temas —lo que llamaremos «categorías»— que se desarrollará a lo largo del tiempo, capaz de permitirnos alcanzar nuestros objetivos, implicando a nuestra(s) persona(s) objetivo(s). Para poder funcionar, las categorías que elegimos incluir en nuestro plan editorial deben ser:

- **Coherentes**: con la identidad y el posicionamiento de la marca —publicar fotos de gatitos y puestas de sol en abundancia no es una gran idea—, los intereses, los deseos y las necesidades de nuestra persona-objetivo y nuestras metas de negocio. Por eso, publicar solo promociones y posts autorreferenciales tampoco funciona.
- **Repetibles**: tenemos que identificar los temas sobre los que podemos construir una narrativa duradera, no completar la publicación de una sola vez. Pueden ser ejemplos recetas, noticias del sector, tutoriales, información entre bastidores.

- **Sostenibles**: en términos de recursos económicos, humanos y creativos. A todos nos gustaría hacer una gran cantidad de vídeos, ¿pero tenemos el tiempo y los recursos necesarios para ello?

¿Por dónde empezar a definir las categorías estratégicas? Definitivamente, por lo que nos hace únicos y originales, por lo que hacemos que resulta más útil/agradable para nuestros clientes y lo que la gente demuestra que valora más. En este caso hacer una encuesta es la mejor opción y también resulta muy útil el análisis de la reputación de la marca realizado al principio.

Veámoslo en la práctica. Si nos ocupamos de la presencia en las redes sociales de un pequeño restaurante familiar, cuya punta de lanza es la señora Rosa, que hace la pasta a mano, sin duda una entrada semanal en la que se la ve manos a la obra y donde tal vez da algunos consejos es un buen punto de partida. Si tenemos que promocionar una agencia digital, cuyo factor diferenciador es el alto grado de especialización y experiencia de cada miembro, una buena idea podría ser mostrar a los profesionales, de forma rotativa, mientras proponen periódicamente sugerencias prácticas según el área de la que se ocupan. Si me dedico a vender productos artesanales, mostrar cómo, dónde y quién los produce es sin duda la mejor manera de que la gente vea por sí misma lo que los hace únicos y especiales.

En definitiva, al igual que deberíamos hacer si quisiéramos contar y promocionar a un personaje, tenemos que identificar los talentos de la marca y construir un relato sobre ellos, pero no solo eso.

> *«Tenemos que identificar los talentos de la marca y construir un relato sobre ellos.»*

La receta de un plan editorial que funciona, de hecho, prevé una mezcla equilibrada de narración de los puntos fuertes de la marca —y de su equipo—, la respuesta a las necesidades/deseos del público y la orientación hacia los objetivos empresariales.

Esto significa que no debemos ceder solamente a los atajos impersonales y a los contenidos que sirvan para cualquier cosa: aforismos, recetas genéricas, consejos trillados y ya oídos, datos conocidos. Para lograr destacar y llevar para casa un resultado, debemos dar a la gente, que cada día se ve saturada de contenidos y de empresas que buscan llamar su atención, una buena razón para escuchar, seguir e interactuar con la marca.

Basta observarse a uno mismo por un momento: ¿qué cuentas sociales sigues con mayor placer? Probablemente las que te cuentan algo que vale la pena escuchar/ver, las que te dan informaciones útiles y que, de alguna manera, te emocionan y te implican.

La creación de las categorías

Para crear buenas categorías, empieza con estas preguntas:

- ¿Qué categorías de la competencia funcionan mejor?
- ¿Qué preguntas hacen los clientes con más frecuencia?
- ¿Cómo respondemos a sus necesidades y sus deseos?
- ¿Qué contenidos útiles y valiosos podemos ofrecerles para aumentar nuestra autoridad y estimular la confianza?
- ¿Qué contenidos útiles y valiosos podemos ofrecerles para estimular la consideración de compra o el uso continuado del producto/servicio que ofrecemos?

En general, los tipos de categorías que, según nuestra experiencia, son más populares, especialmente en el ámbito del B2B, son los siguientes:

- tutorial;
- respuestas a las preguntas más frecuentes;
- visión del sector;
- noticias.

Para las empresas locales, especialmente en B2C, he experimentado con éxito:

- la divulgación de preparativos y montajes;
- la publicación de recetas;
- la historia de la vida en la empresa (qué hacemos, cómo lo hacemos, entre bastidores);
- la narración de eventos, tanto en directo como con posterioridad.

Además, por supuesto, de compartir los contenidos generados por los usuarios, que no solo gratifican a los propios usuarios, sino que también nos hacen una buena publicidad, no autorreferencial.

Por eso es importante difundir un hashtag de marca. De esta manera, quienes entran en contacto con nuestra empresa o compran nuestros productos y servicios pueden compartir la experiencia utilizándolo y nosotros, por nuestra parte, podemos interceptar la publicación/historia.

Veamos ahora algunos ejemplos de una categoría bien diseñada.

Las categorías de Foodspring

Foodspring es una marca de superalimentos para el cuerpo. Si nos fijamos en su página de Facebook, vemos que han desarrollado categorías perfectamente acordes con la marca, pero también con los intereses y necesidades del cliente potencial y del cliente adquirido, que se preocupa por su forma física y siempre busca nuevos estímulos para mejorar, tanto en lo que respecta a la nutrición como al deporte (Figura 7.6).

Figura 7.6 - Ejemplos de categorías distintas de Foodspring en Facebook[15].

Una de ellas es en forma de vídeo —por lo que enlaza con la página web — y ofrece una deliciosa receta, obviamente basada en los productos de la marca, para llevar a la consideración de compra. Otra, en formato visual, ofrece consejos de entrenamiento y desafía al usuario a ponerse a prueba; otra, que enlaza de nuevo conla página web, ofrece consejos sobre cómo comer de forma saludable para alcanzar objetivos concretos de musculación.
Los objetivos, imagino, son acercarse a los clientes potenciales, impulsarlos a la compra e, igualmente importante, retener a los clientes adquiridos y aumentar el valor de su ciclo de vida. Hay que destacar que la marca también tiene una estrategia de pago sólida y continua.
¿Y en Instagram? Sí, porque Foodspring también está presente allí. Y, adecuadamente, diversifica los contenidos en función de la plataforma, reciclando las categorías que se prestan bien a ambas redes, pero también experimentando con nuevas y específicas, aprovechando los formatos disponibles. Por ejemplo, en Instagram hay una categoría que destaca los vínculos del producto con los influencers del sector y otra que da consejos de bienestar a través un carrusel de imágenes[16]. En cambio, si nos fijamos en las historias, encontramos directos donde participan influencers, pero también consejos del propio equipo de Foodspring, así como, por supuesto, promociones.

15. https://www.facebook.com/search/top?q=foodspring (última consulta el 25 de agosto de 2022)..
16. https://www.instagram.com/p/B-XLUN_nZ3l/ (última consulta el 7 de junio de 2020).

La actividad desarrollada por esta marca nos da la oportunidad de aclarar un aspecto fundamental que hemos de tener en cuenta a la hora de definir las categorías y, por tanto, el plan editorial: cada red social tiene dinámicas, herramientas, lenguajes y, a veces, públicos diferentes, por lo que en muchos casos necesita categorías y tipos de publicaciones diferentes.

Figura 7.7 - Ejemplo de publicación de la marca Foodspring en Instagram[17].

Por supuesto, algunas categorías pueden utilizarse en más de un canal —véase, por ejemplo, la de las recetas o los consejos de bienestar que acabamos de ver—, pero deben presentarse de forma diferente: en los posts de IG no se puede poner enlaces, suelen remitir a la bio. También has de tener en cuenta las peculiaridades de cada espacio: los hashtags, que en Instagram tienen una gran importancia, tienen mucha menos en Facebook[18].

Volviendo a Foodspring, si miramos la página global oficial de la marca en LinkedIn[19], veremos que las categorías son completamente diferentes, aunque la voz de las redes sociales sea siempre la misma. Al tratarse de una plataforma B2B que, posiblemente, la marca también puede utilizar para adquirir talentos, en vez de centrarse en el producto[20], la atención se ha desplazado hacia las personas y la organización y, por supuesto, en las ofertas de trabajo.

17. https://www.instagram.com/p/CgzNKbnAWG9/ (última consulta el 25 de agosto de 2022).
18. https://www.veronicagentili.com/hashtag-facebook-si-no/ (última consulta el 7 de junio de 2020).
19. https://www.linkedin.com/company/foodspring/ (última consulta el 7 de junio de 2020).
20. https://www.linkedin.com/posts/foodspring_foodspringforward-amazingpeople-love-activity-6634083312052772864-H_XJ (última consulta el 7 de junio de 2020).

Las categorías de Huda Beauty

Si pasamos ahora al mercado del maquillaje, uno de los mejores ejemplos que encontramos de categorías estratégicas es la elaborada por la marca Huda Beauty[21], especialmente en Instagram. Completamente centrada en la figura de su fundadora, Huda Kattan, el plan editorial contempla una mezcla perfecta de tutoriales sobre el cuidado del rostro y del cuerpo (siempre realizados por Huda en persona), momentos de la vida de la propia mujer, humanizándola y haciéndola sentir cercana a su comunidad[22], y republicaciones de fotos y vídeos de influencers que utilizan sus productos.
Como canal complementario y paralelo, en las historias encontramos entre bastidores, productos comentados y explicados directamente por Huda, profundizaciones y tutoriales con enlaces al blog corporativo, además de compartir historias en las que la marca fue mencionada por los usuarios.

Figura 7.8 - Ejemplo de categoría de la marca Huda Beauty[23].

21. https://hudabeautycosmetic.com/ (última consulta el 7 de junio de 2020).
22. https://www.instagram.com/p/B6ni9q4FZpS/?utm_source=ig_web_copy_link (última consulta el 7 de junio de 2020).
23. https://www.instagram.com/p/B6u5JEgFb_h/ (última consulta el 7 de junio de 2020).

Las categorías de Slack y Zendesk

¿Qué podemos publicar, en cambio, si nuestra empresa opera exclusivamente en el B2B? Empecemos por pensar en las preguntas que nuestros clientes nos hacen con mayor frecuencia, el tipo de contenido con el que podemos apoyarles. Sin olvidar, por supuesto, hacerles saber más sobre lo que vendemos.

Dos ejemplos. Slack es una herramienta de colaboración empresarial en cuya página de Facebook comparte periódicamente información sobre cómo mejorar la productividad y el ambiente de trabajo. Además, lleva una categoría en la que se explica cómo utilizar la herramienta y las nuevas funciones que se van incorporando. Zendesk, famoso software de atención al cliente, se propone por su parte en su página de empresa en LinkedIn, compartiendo no solo las publicaciones de los empleados, sino también fotos de eventos de la empresa, seminarios web gratuitos y recursos útiles y perfectamente orientados, como la entrada del blog sobre las mejores prácticas de atención al cliente omnicanal[24] o sobre el estado de la mensajería en 2020[25]. Especialmente en el ámbito del B2B, donde generalmente se habla de recorridos de compra largos y complejos, las redes sociales suelen ser la mejor herramienta para educar, acercarse y, sobre todo, ganarse la confianza del cliente potencial.

Las micro y pequeñas empresas dan la cara

Hasta ahora, hemos visto ejemplos de marcas más estructuradas, con un alcance internacional y, posiblemente, con buenos presupuestos.

Lo que quiero demostrarte es que, no obstante, puedes hacerlo bien, con método y estrategia, incluso cuando se trata de actividades pequeñas o incluso micro, y que no, no es necesario ser una gran empresa para poder llevar a cabo un plan editorial exitoso y sostenible.

Hagamos un pequeño viaje por nuestra península italiana para descubrir cómo es posible «hacerlo bien en las redes sociales» en muchos sectores diferentes, sin grandes presupuestos. Encontrarás enlaces útiles para ver con tus propios ojos todo lo que estos ejemplos pueden aportar.

Empezamos en la bella Apulia, concretamente en Modugno, donde un pequeño centro de óptica es un ejemplo para el sector.

Gracias a la perspicacia de Nico Caradonna, que se ha convertido en el «óptico de la web», la Óptica Caradonna invirtió mucho en el ámbito digital, especialmente en la creación de contenidos de valor para sus clientes y

24. https://www.linkedin.com/posts/zendesk_4-best-practices-of-omnichannel-customer-activity-6643242083069018112-XTdV (última consulta el 7 de junio de 2020).
25. https://www.linkedin.com/posts/zendesk_what-are-the-most-popular-messaging-apps-activity-6635573047405400064-aRGx (última consulta el 7 de junio de 2020).

los clientes potenciales. Van desde innovaciones en el mundo de la óptica[26] hasta imágenes de las actividades diarias de empleados y propietarios —que gustan mucho a los usuarios, si nos fijamos en sus reacciones[27]— hasta los escenográficos cambios de escaparate, pasando por el relato visual de las nuevas adquisiciones[28] y, por supuesto, por los consejos de Nico[29]: la página Facebook de este negocio es realmente un pequeño jardín de recursos útiles y agradables que seguir. Pero también son estratégicos, precisamente porque se orientan a educar al cliente, a estimular la consideración de compra, con promociones y novedades, y al mantenimiento.

Figura 7.9 - Ejemplo de publicación de Óptica Caradonna en Facebook[30].

26. https://www.facebook.com/otticacaradonna/posts/2869545713106263 (última consulta el 7 de junio de 2020).
27. https://www.facebook.com/otticacaradonna/photos/a.259530760774451/2858200120907489/ (última consulta el 7 de junio de 2020).
28. https://www.facebook.com/otticacaradonna/photos/a.259530760774451/2827226247338210/ (última consulta el 7 de junio de 2020).
29. https://www.facebook.com/otticacaradonna/videos/872446166474913/ (última consulta el 7 de junio de 2020).
30. https://www.facebook.com/otticacaradonna/posts/2846970708697097 (última consulta el 7 de junio de 2020).

Traslademonos ahora a la Casa Rural il Geranio, entre Perugia y Gubbio, que decidió llevar lo mejor de la autenticidad de la Umbría a Facebook, contando la preparación de los platos[31], los ritmos y las alegrías de la vida en el campo[32], pero también la belleza de la zona.

También se puede crear un plan editorial eficaz para una empresa de servicios, centrándose no solo en el trabajo de la marca, sino también en conceptos fundamentales como el respeto del planeta y el ahorro de agua. Nos lo muestra la página de Facebook de Piave Servizi[33] —ya hemos llegado al norte—, donde se describen las actividades realizadas por la empresa en beneficio de los ciudadanos con reportajes fotográficos y de vídeo.

Se educa en un uso más consciente de los recursos hídricos gracias a publicaciones útiles[34] y atractivas[35], pero la página también funciona como servicio de información inmediata en caso de averías y trabajos extraordinarios. ¿Y las fiestas? Son celebradas sin cortapisas, pero de una manera original y coordinada... siempre con el agua en el centro[36].

En general, el consejo es ofrecer la propia cara siempre que sea posible, y especialmente en el caso de las pequeñas empresas. Por una razón muy sencilla: uno se encariña mucho más fácilmente con un rostro que con un logotipo y las personas, en carne y hueso, son mucho más atractivas que los «conceptos abstractos» o, peor aún, las imágenes de stock.

Dejad paso, pues, a los consejos, a los preparativos, a las presentaciones realizadas en primera persona por los rostros de la marca, ya sean empleados o propietarios, porque la hacen mucho más humana y cercana.

En la cuenta de Instagram de Bianco Concept Store[37], una tienda de ropa de Trento, es la propia Giulia, la cara sonriente de la marca, quien nos guía entre la indumentaria, las promociones que no podemos perdernos y las novedades, hasta el famoso All'Antico Vinaio que, gracias también a la irresistible simpatía de Tommaso, vuela en las redes sociales —sí, también en TikTok[38]— hay realmente muchas marcas pequeñas que han aprovechado la oportunidad para ofrecer su propia cara.

31. https://www.facebook.com/AgriturismoIlGeranio/posts/1568780236611142 (última consulta el 7 de junio de 2020).
32. https://www.facebook.com/AgriturismoIlGeranio/posts/ (última consulta el 7 de junio de 2020).
33. https://www.facebook.com/piaveservizi/ (última consulta el 7 de junio de 2020).
34. https://www.facebook.com/piaveservizi/photos/a.1486267901398468/3909370185754882/?type=3&theater (última consulta el 7 de junio de 2020).
35. https://www.facebook.com/piaveservizi/photos/a.1486267901398468/3956446281047272/ (última consulta el 7 de junio de 2020).
36. https://www.facebook.com/watch/?v=121076112597674 (última consulta el 7 de junio de 2020).
37. https://www.instagram.com/biancoconceptstore/ (última consulta el 7 de junio de 2020).
38. https://www.tiktok.com/@allanticovinaio?lang=en (última consulta 7 de junio de 2020).

Créeme, centrarse en las personas para contar tu marca es una de las mejores opciones que pueden elegirse.

Las categorías vs redes sociales con una difusión diferente

Evidentemente, la elección de las categorías que se van a cubrir también concierne a las redes sociales que generalmente se tienen menos en cuenta, pero que podrían ser fundamentales en algunas estrategias.

¿Puede un programa de la televisión nacional prescindir de Twitter, la red social de los trending topic por excelencia? En la cuenta del canal La7[39] encontramos una mezcla de enlaces a videoclips de sus distintos programas, avances de vídeo nativos de los programas en emisión e imágenes de los próximos invitados; los contenidos de los talk show se alternan con noticias más ligeras, por ejemplo, el horóscopo diario.

Si nos trasladamos a Pinterest, un buen ejemplo es Elle, una revista de moda número uno del mundo, que ha creado una serie de tableros temáticos para sus lectoras, consiguiendo más de diez millones de visitas mensuales. Desde consejos de salud y belleza hasta reportajes fotográficos sobre eventos, pasando para los iconos de estilo: uno casi se pierde entre los contenidos de estos tablones que, por supuesto, conducen de nuevo al sitio principal. Se podría pensar que son una buena fuente de tráfico.

Figura 7.10 - La cuenta de "Elle" en Pinterest[40].

39. https://twitter.com/La7tv (última consulta el 7 de junio de 2020).
40. https://www.pinterest.it/elle/boards/ (última consulta el 7 de junio de 2020).

Si ahora nos trasladamos a TikTok, una cuenta que definitivamente puede ser fuente de inspiración es la de Gymshark[41], una marca de ropa deportiva que atrae a los entusiastas del fitness con retos, divertidos entrenamientos y vídeos inspiradores.
Siempre hay que poner a prueba las distintas categorías y comprobar, a la luz de las reacciones, si son valoradas y en qué medida.

La selección de los formatos

La selección de los formatos adecuados es muy importante, no solo para aumentar las posibilidades de ser visto y de llamar la atención —como habrás visto, por ejemplo, Facebook suele dar más visibilidad a los vídeos, sobre todo los directos—, sino también para alcanzar nuestros principales objetivos.
Si, de hecho, nuestro objetivo es atraer tráfico cualificado a nuestro sitio y vender en línea, está claro que tendremos que hacer uso de los enlaces a menudo y sin complejos; si, por el contrario, pretendemos atraer y llevar a la consideración de compra, no faltarán categorías basadas en imágenes y vídeos en nuestro plan editorial.
Cada red social tiene sus propias peculiaridades y formatos de elección, por lo que debemos seleccionar y diversificar los formatos utilizados en función de los canales que hemos incluido en nuestra estrategia, prestando atención a optimizarlos en consecuencia.
Al igual que en el caso de las categorías, en algunas ocasiones podemos utilizar el mismo tipo de publicación con el mismo formato para varias redes sociales —por ejemplo, una imagen diseñada para la página de Facebook y la galería de Instagram— pero tendremos que prestar atención y optimizar los contenidos en función del lugar donde se publique.
Ni que decir tiene que una imagen diseñada para las historias tendrá que medir 1080 x 1920 píxeles, mientras que quizás una pensada para Facebook estará bien en formato 1:1; si queremos subir un vídeo a IGTV deberemos tener mucho cuidado de respetar las especificaciones[42] ; lo mismo si queremos publicar nativos en LinkedIn[43].
Las dimensiones y las características especiales de cada formato cambian de manera constante, por lo que te recomiendo que consultes de forma periódica los distintos centros de atención de las redes sociales en las que trabajas y

41. https://www.tiktok.com/@gymshark?lang=en (última consulta el 7 de junio de 2020).
42. https://help.instagram.com/1038071743007909 (última consulta el 7 de junio de 2020).
43. https://filmora.wondershare.com/video-editing-tips/linkedin-video-specification-guide.html (última consulta el 7 de junio de 2020).

te asegures de optimizar correctamente las publicaciones y, en general, todos los aspectos relacionados con las cuentas de la marca, como la imagen del perfil, la de portada, los aspectos destacados, etc.

Establecimiento el calendario editorial

Ahora llegamos a las preguntas del millón de euros: ¿cuándo y cuánto publicar? En la red pululan guías e investigaciones muy actualizadas sobre el momento perfecto, así como la frecuencia ideal de publicación. Desde los que afirman que los martes y los jueves a las dos en punto de la tarde son las horas adecuadas para publicar en Instagram hasta los que sostienen que debería ser imperativo publicar al menos un post al día.

Si buscas la respuesta definitiva, solo tienes que preguntarle a Google y te quedarás contento en unos segundos; si, por el contrario, quieres una reflexión más concreta y basada en años de experiencia, has de saber que el horario, el día y la frecuencia perfectos para publicar en las redes sociales no existen.

> *“El horario, el día y la frecuencia perfectos para publicar en las redes sociales no existen.”*

Y eso por el mero hecho de que nadie puede tener en cuenta las peculiaridades de tu persona-objetivo, pero sobre todo de los recursos humanos, económicos y creativos que tienes a tu disposición.

Claro que sería estupendo publicar cuatro o cinco historias al día y al menos una entrada día sí, día no, ¿pero ya tienes suficientes cosas interesantes —no para ti, sino para tu persona-objetivo— que decir que cubra tal periodicidad? ¿Tienes suficientes recursos humanos y creativos para poder comunicarlos de forma atractiva y optimizada? ¿Vídeos, publicaciones en el blog, tutoriales, directos, concursos?

Si crees que sí, adelante, pero —y te lo digo por experiencia— incluso al nivel de marcas muy estructuradas, la respuesta suele ser no.

Por supuesto, todos somos capaces de encontrar algo para tapar el agujero, pero hacer un plan editorial eficaz no tiene nada que ver con publicar mucho: se trata en cambio de publicar bien. Captar la atención de los usuarios, bombardeados con miles de mensajes cada día, es cada vez más difícil y, dándoles contenidos mediocres, nos arriesgamos a jugarnos esa atención. Quizá para siempre.

Además, si no son ellos los que nos rechazan activamente, se ocupan de ello los algoritmos sociales, diseñados para dar mensajes relevantes en el momento adecuado.

Todo esto es para decirte que nuestro mantra, cuando se habla de la frecuencia de publicación, debe ser menos es más. O dicho de otra manera, publicar menos, pero de calidad.

Dos o tres publicaciones por semana para Facebook, LinkedIn e Instagram van más que bien; diferente, quizá, debería ser la frecuencia de actualización de las historias que, por su carácter inmediato y efímero, requerirían, a ser posible, una actualización más frecuente: algunos dicen que hasta seis al día[44], pero incluso en este caso hay que evaluar cuánto tenemos para decir que realmente resulte interesante.

Hay que tener en cuenta que, si hablamos de noticias, es obvio que la frecuencia de las actualizaciones puede ser mucho mayor, hasta llegar a decenas de publicaciones cada día. Sigue siendo importante diversificar la frecuencia según el tipo de plataforma[45].

A la hora de definir cuánto publicar, también has de tener en cuenta la estacionalidad. En el caso, por ejemplo, de un evento que tiene lugar una vez al año, podría ser demasiado oneroso —y quizás ni siquiera demasiado eficaz— mantener la misma frecuencia de actualización durante todo el año. Lo mismo ocurre con un balneario abierto seis meses al año o con los que venden productos/servicios muy relacionados con el calendario, como los ventiladores; en este caso sería eficaz proporcionar una estrategia de mantenimiento durante los periodos «bajos» —por ejemplo, uno cada semana o cada 15 días— e ir aumentando luego a medida que se acerca el período cálido, con una o dos publicaciones por semana, tal vez contando los preparativos de cara al evento/inauguración o empezar a sembrar el interés por los productos/servicios de temporada. Hasta llegar a la «capacidad máxima» en el momento clave. Especialmente en el caso de los eventos anuales, esto puede significar varias publicaciones al día.

Un ejemplo de este tipo es la página de Facebook de los famosos Mercados Navideños de la ciudad de Merano[46], donde se implica a los usuarios durante todo el año con encuestas, fotos y vídeos que recuerdan las ediciones anteriores, para llegar al corazón de los preparativos y las festividades a medida que se acerca el invierno.

Al final, una vez que hemos definido nuestro plan editorial para un determinado período, será necesario programar las publicaciones, probando, de plataforma en plataforma, los horarios y días que nos garanticen el mejor

44. https://www.socialinsider.io/blog/instagram-stories-research/ (última consulta el 8 de junio de 2020).
45. https://louisem.com/144557/often-post-social-media (última consulta el 8 de junio de 2020).
46. https://www.facebook.com/mercatinimerano/ (última consulta el 8 de junio de 2020).

rendimiento en términos de visibilidad y resultados: interacciones, clics, solicitudes de información, etc.

Las dos posibilidades para elaborar un calendario editorial

¿Cómo hacer, en la práctica, un calendario editorial? Tienes dos posibilidades:

- **Manualmente**: a través de una hoja de cálculo de Excel, tal vez compartida a través de Google Drive con el cliente, puedes crear el calendario y hacer que lo aprueben periódicamente. Este es un método sencillo y de bajo coste, especialmente para clientes menos familiarizados con las herramientas digitales.
- **Con el apoyo de herramientas externas**: como veremos en el apartado de herramientas de las redes sociales, hay algunas específicas que te permiten crear un buen calendario de redes sociales, con un mecanismo integrado de aprobación de las publicaciones; otros, en cambio, son más completos y, entre otras funciones, ofrecen también la de creación y aprobación del calendario. Se trata ciertamente de una solución más profesional que debes valorar.

Tienes todas las informaciones para un buen plan editorial ¿Estás listo para crearlo?

Capítulo 8

Las campañas publicitarias y el presupuesto para publicidad

Pasemos ahora a un aspecto fundamental, el de las campañas de publicidad en redes sociales.

Las redes sociales, como sabemos, no son gratuitas, y si queremos obtener resultados (sobre todo en cuanto a contactos y ventas generadas), tenemos que disponer de un presupuesto periódico para destinar a anuncios, tanto en Facebook como en otras redes sociales.

Pero ¿cuánto hay que invertir?

Y, sobre todo, ¿en qué campañas centrarse?

Todas las redes sociales —a excepción de Facebook, Instagram y WhatsApp, que tienen un único sistema de publicidad— tienen su propia plataforma que permite hacer publicidad interna.

Con sus propios formatos, objetivos y dinámicas, si bien muy similares entre sí.

En la mayoría de los casos, se trata de sistemas de autoservicio, en los que el anunciante puede crear y gestionar de forma independiente sus propias campañas publicitarias, seleccionando el público al que quiere llegar y el presupuesto que se va a invertir (figura 8.1).

La estructura de estas herramientas y la forma en que se definen generalmente prevén tres pasos, con la elección del objetivo, luego, del público y, por último, de la creatividad.

Esta forma de proceder se inspira en el padre de todos los sistemas para definir la publicidad en redes: el panel para la gestión de inserción de anuncios de Facebook.

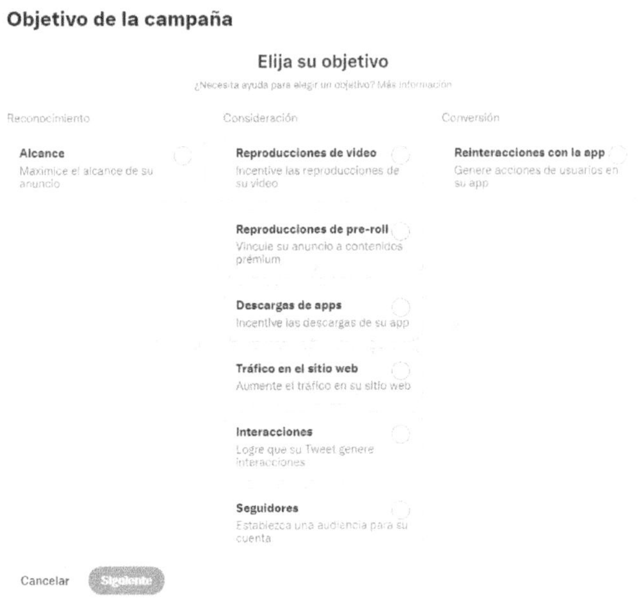

Figura 8.1 - Twitter Ads: la elección de los objetivos de la campaña.

La evaluación de los anuncios en las redes sociales

Las interfaces, los formatos y las opciones disponibles cambian constantemente y evolucionan a la velocidad de la luz. Te aconsejo que estudies bien el sistema de publicidad de las redes sociales en las que vas a operar y que te mantengas siempre al día. También porque el diseño, la gestión y la optimización de los anuncios en las redes sociales requieren una formación y experiencia constantes para dar sus frutos.
En general, hay varios aspectos que debemos tener en cuenta cuando se habla de los anuncios en redes sociales.

- **Con un anuncio llegas a personas que están ocupadas haciendo otra cosa**: informarse, hablar de sí mismos, relacionarse. Los usuarios que ven tu anuncio en la mayoría de los casos no están buscando tu marca o lo que ofreces, como es el caso de un anuncio en el buscador de Google. Esto significa que hay que crear una imagen interesante y atractiva, tanto en la forma como en el contenido, para obtener resultados. Si te limitas a reiterar la lógica publicitaria en las redes sociales, al estilo de «¡Compre ahora nuestros productos con grandes descuentos, somos líderes del sector!», es poco probable que tengas éxito.

- **La creatividad lo es todo**: los algoritmos de las redes sociales se construyen centrándose en el usuario y en su implicación. Si quieres que tus campañas funcionen hay que hacer lo mismo, invirtiendo sobre todo en la parte creativa. Vídeos, imágenes significativas, textos que hablan a la mente y a la barriga de los usuarios son aliados fundamentales en el marketing en redes sociales.
- **No olvidemos la orientación**: una de las ventajas más significativas de la publicidad en redes sociales es la capacidad de llegar a la gente de forma extremadamente orientada. Cada plataforma publicitaria tiene sus características peculiares, desde LinkedIn, que te permite llegar a los usuarios por su título laboral, sus años de experiencia y sus habilidades, hasta Facebook, que perfila según comportamientos, intereses, conexiones y más cosas; pasando por Twitter, que permite incluso segmentar por palabras clave, seguidores similares y eventos. Lo importante es, en primer lugar, tener muy claro a quién se quiere llegar con nuestros mensajes. El éxito de la publicidad en redes sociales viene dado por el encuentro de la persona adecuada con el mensaje adecuado, de lo contrario corremos el riesgo de tirar nuestro dinero.
- **Hacer pruebas, siempre**: otra de las grandes ventajas de este tipo de publicidad es la posibilidad de realizar pruebas con pequeños presupuestos y actuar a la luz de los datos —no de las opiniones o de las sensaciones— para optimizar la inversión. ¿Funciona mejor este o aquel tipo de oferta? ¿Responden mejor las mujeres o los hombres? ¿Es mejor un vídeo que una vista previa o una imagen estática? ¿Una foto de una persona o una ilustración del producto? Compruébalo.

No es de extrañar que la plataforma más utilizada por las marcas en general sea Facebook[1], que también permite la publicidad en Messenger e Instagram, y reenviar a WhatsApp. En el ámbito del B2B, según un interesante estudio del Content Marketing Institute[2], es LinkedIn el que lleva la delantera, seguido de cerca por Facebook.

1. https://www.marketing91.com/top-social-media-advertising-statistics-that-you-need-to-know-about/ (última consulta el 8 de junio de 2020).
2. https://blog.hootsuite.com/social-media-advertising-stats/ (última consulta el 8 de junio de 2020).

La distribución del presupuesto

Lo más probable, por tanto, es que tengas que repartir tu presupuesto entre Facebook y/o Instagram. Supongamos que puedes gastar trescientos euros al mes en Facebook Ads, teniendo una página de Facebook, ¿qué debemos hacer? Evidentemente, y en primer lugar, depende de los objetivos.

Si uno de los objetivos principales es la adquisición de contactos, una gran parte del presupuesto se destinará a ese tipo de actividad. Si, en cambio, el objetivo más importante son las campañas de venta, estas serán el objeto de la mayor inversión.

En muchos casos hay que llegar por etapas y muy a menudo —ojo al dato— no basta con «poner todos los huevos en la misma cesta» para vender. Y esto se debe a que, en el mundo de la publicidad en redes sociales, las cosas funcionan casi siempre como se muestra en la figura 8.2.

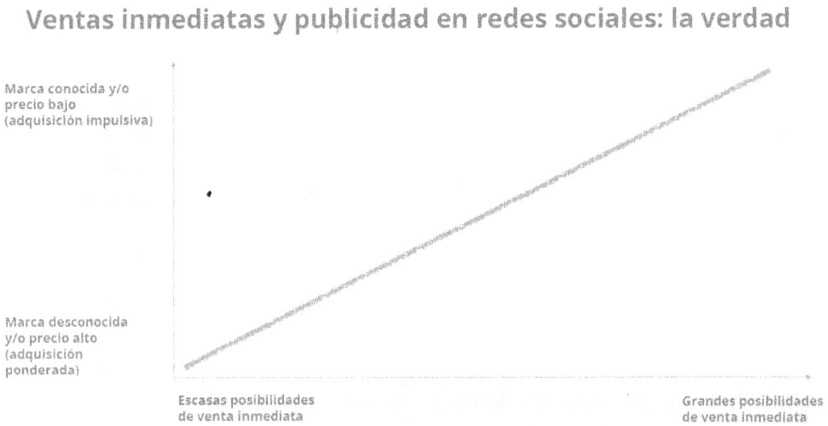

Figura 8.2 - Ventas inmediatas y publicidad en redes sociales: la verdad.

Cuanto más conocida sea una marca, cuanto más bajo sea el precio del producto/servicio que propones, mayores serán las posibilidades de que puedas vender en frío, de inmediato.

Y viceversa.

Esto se debe precisamente a que la gente no está allí para buscar tu producto o tu servicio, sino para hacer otra cosa: informarse, exhibirse, relacionarse. Ahora, a menos que trabajes con públicos que, de alguna manera, ya han expresado un cierto interés en lo que ofreces —como las audiencias personalizadas de Facebook[3]—, es poco probable que la gente esté dispuesta a comprar al primer anuncio que ven, sobre todo si eres una marca poco conocida y vendes algo que se presta muy poco a la compra impulsiva. Piénsalo: ¿comprarías «sobre la marcha» un BMW? ¿Dos semanas de vacaciones para tu familia? ¿Un software de cinco mil euros para tu empresa?

Todo depende siempre de lo que se venda y del proceso de toma de decisiones que requiera. Esto significa que, si quieres obtener resultados a medio y a largo plazo, sobre todo si tienes que trabajar en sectores que requieren un proceso de compra más largo, complejo y que implica varios puntos de contacto —más aún si se trata de una marca desconocida o en todo caso nueva en las redes sociales—, tendrás que diversificar tu presupuesto.

Cliente NUEVO

¿Qué significa esto en la práctica? Pongamos algunos ejemplos. Supongamos que te dispones a lanzar una marca en las redes sociales. Por tanto, tienes poco seguimiento, cero o poca comunidad. Entre tus principales objetivos están darse a conocer, conseguir contactos y vender. Presupuesto inicial: setecientos euros al mes. En la primera fase, la marca tiene un blog disponible, mientras que a partir de la segunda también habrá recursos que se descargarán con vistas a la generación de clientes potenciales. Para los primeros seis meses, podrías probar una distribución como la de la figura 8.3.

DISTRIBUCIÓN PRESUPUESTO – CLIENTE NUEVO

MES I-III	MES III-VI
• 30% fan base	• 10% fan base
• 30% engagement	• 20% engagement
• 20% traffico	• 30% traffico/lead
• 20% retargeting	• 40% retargeting

Figura 8.3 - Ejemplo de distribución del presupuesto en redes para una nueva marca.

3. https://www.facebook.com/business/help/341425252616329 (última consulta el 8 de junio de 2020).

Al tratarse de una actividad nueva en el mundo de las redes sociales, en el primer periodo (de uno a tres meses), tendremos que concentrarnos en crear una comunidad perfilada y en dar visibilidad a los contenidos para generar interacciones, que también incluyen las reproducciones de video. También trabajaremos en el tráfico del blog, el retargeting de los visitantes del sitio que han mostrado interés en los productos y servicios, para llevarlo hacia el paso siguiente, en función del modelo de negocio y de la complejidad del recorrido de compra, contacto o venta.

En la segunda fase, comenzaremos a desplazar el presupuesto hacia objetivos más relacionados con el rendimiento —dejando siempre algo para el crecimiento de la comunidad—, pero centrándonos más en la adquisición de contactos y en el retargeting. ¿Cómo dividir el presupuesto si el plan incluye dos o más plataformas sociales? Está claro que no se puede fragmentar hasta el infinito un presupuesto pequeño, al menos no si se quieren hacer pruebas sensatas y obtener resultados relevantes. En el caso de una pequeña empresa, setecientos euros al mes puede ser una buena cantidad para iniciar campañas de publicidad en redes sociales en una o dos plataformas, como por ejemplo Facebook e Instagram. Obviamente no lo son si se pretende conseguir un determinado tipo de resultado (por ejemplo, llegar a cientos de miles de personas y adquirir cientos de contactos, sin tener ni idea de lo que puede ser el coste medio por contacto) o si se invierte en redes sociales que suelen ser más caras que otras, en términos de coste por resultado, como es el caso de media con LinkedIn en comparación con Facebook[4].

Esto no significa en absoluto que haya que poner todos los recursos en Facebook Y dejar de lado las LinkedIn Ads: estas pueden dar óptimos resultados y permiten una incomparable elaboración de perfiles en B2B[5]. Y, sin embargo, es necesario evaluar con suficiente antelación, como hemos visto, dónde invertir tiempo y dinero, definir un presupuesto para los canales sociales que se pretende activar. Especialmente si, entre los objetivos, se incluyen la adquisición de contactos y las ventas.

Cliente local NUEVO

Tomemos otro ejemplo. Supongamos que lanzamos una nueva y pequeña marca local (Figura 8.4).

4. https://www.searchscientists.com/linkedin-ads-vs-facebook-ads/ (última consulta el 8 de junio de 2020).
5. https://business.linkedin.com/en-uk/marketing-solutions/blog/posts/LinkedIn-case-study-series/2019/Thestories-of-six-lead-generation-campaigns-that-drove-real-business-results (última consulta el 8 de junio de 2020).

DISTRIBUCIÓN PRESUPUESTO - CLIENTE LOCAL
Lanzamiento

MES I-III	MES III-VI
• 40% local reach	• 30% local reach
• 30% fan	• 40% promo/lead
• 30% engagement	• 20% fan
	• 10% engagement

Figura 8.4 - Ejemplo de distribución del presupuesto de redes para el lanzamiento de una pequeña empresa local.

En el primer periodo, además de centrarnos en la construcción de la comunidad, también vamos a hacer campañas geolocalizadas, optimizadas para llegar al mayor número posible de personas que estén dentro del público meta —como en un arco de X kms del cliente local— para dar a conocer la nueva marca. Tal vez conectando con la promoción del evento de lanzamiento para fomentar la participación.

En un segundo momento, nos centraremos más en las campañas destinadas a fomentar la transitabilidad, las promociones, los cupones, etc.

Obviamente, se trata de simplificaciones: cada empresa es una historia en sí misma y la distribución del presupuesto puede ser mucho más sofisticada que esto. Especialmente en el caso de un lanzamiento, las campañas pueden dividirse en fases semanales, trabajando por ejemplo en un periodo inicial orientado a la notoriedad, seguido por otro más orientado a estimular el interés (y quizás también contemplar el retargeting de nuevos públicos a los que se ha llegado previamente) y por una última fase dedicada más al rendimiento.

Cliente Local

Si nos hacemos cargo de la gestión de la cuenta de Facebook o Instagram de un negocio local ya en marcha, como un restaurante, una tienda o el estudio de un profesional, trabajaremos constantemente en el mantenimiento y crecimiento de la comunidad, a la que nos gustaría dar a conocer las iniciativas y actividades del cliente. Sin embargo, ya en una fase temprana, comenzaremos con campañas de captación de contactos —dando recursos o cupones exclusivos, por ejemplo—, de notoriedad local y, según el tipo de actividad, de venta inmediata, mediante promociones especiales, etc.

DISTRIBUCIÓN PRESUPUESTO - CLIENTE LOCAL

MES I-III	MES III-VI
• 30% fan base	• 10% fan base
• 30% engagement	• 20% engagement
• 20% promo	• 30% local ads
• 20% local ads	• 40% promo

Figura 8.5 - Ejemplo de distribución del presupuesto social para un pequeño negocio local ya en marcha.

Pruebas para optimizar el presupuesto

Efectuar pruebas es realmente muy importante, en especial cuando se tienen varias presencias sociales y un determinado tipo de objetivos, como la captación de contactos, ventas, ventas con determinado coste máximo por resultado, adquisición de colaboradores. Porque solo así se entiende si merece la pena invertir más en una plataforma u otra.

Para un cliente que se dedica al B2B, ha sucedido, por ejemplo, que se han debido gestionar campañas de captación de contactos en Facebook, Twitter e Instagram; en ese caso concreto, las campañas de Facebook permitieron un coste para resultado tan bajo y, en todo caso, tan perfilado comparado con las otras dos redes sociales que, al final, se decidió trasladar todo el presupuesto a la primera plataforma.

> *“Es necesario hacer pruebas para invertir mejor el presupuesto, en vez de limitarse a gastarlo.”*

En otro caso, en el que el testeo se realizaba en Facebook y Instagram, para un público meta —el más joven— esta última resultó ser, con gran diferencia, la que tuvo un mejor rendimiento, mientras que para otro —más maduro— fue la red social azul la que se impuso.

En el caso de una campaña destinada a obtener colaboradores, entre LinkedIn y Facebook fue decididamente la primera el que recibió más peticiones en menor tiempo.
Como se ha dicho, es necesario hacer pruebas para invertir mejor el presupuesto, en vez de limitarse a gastarlo.

Las otras variables que se han de valorar

Entre los demás aspectos importantes que hemos de tener en cuenta a la hora de distribuir el presupuesto para redes encontramos cuatro variables.

- **Estacionalidad**: dependiendo del negocio en el que opera la marca, habrá periodos de trabajo más o menos intensos, periodos del año quizás en los que se irá a «sembrar», con campañas para adquirir y trabajar los contactos, y otros periodos en los que se tendrá que invertir e impulsar más. De manera más o menos significativa, el presupuesto debe repartirse de forma equilibrada para disponer de suficientes recursos en los periodos centrales de la temporada. Esto también significa que si, por ejemplo, se tiene previsto abrir en primavera una determinada empresa, para obtener buenos resultados habrá que empezar primero con la fase de promoción —¡no dos días, sino al menos semanas antes!— e intensificarla de cara a la apertura.
- **Festividades y promociones**: a la hora de decidir cuánto invertir y cómo hacerlo, hay que tener en cuenta los distintos días festivos y su repercusión en el negocio (baste con pensar en los artículos de regalo en Navidades), pero también en posibles promociones previstas, desde las rebajas hasta el Black Friday. Esto significa reservar presupuestos adicionales para estas actividades o distribuir el presupuesto anual/semestral total para cubrir también estos picos.
- **Mantenimiento y construcción de la comunidad**: mi sugerencia es establecer un presupuesto básico para dar una visibilidad adecuada a las publicaciones del plan editorial, sobre todo en Facebook e Instagram, para llegar tanto a los que ya siguen la marca como a los que podrían estar interesados en ella. Siempre lo hacemos con nuestros clientes, porque nos parece que tiene muy poco sentido invertir en recursos humanos y creativos para la producción de publicaciones que luego solo ven una pequeña parte de los que siguen la cuenta, en especialmente en Facebook[6]. El presupuesto asignado para esta actividad

6. https://www.veronicagentili.com/come-funziona-lalgoritmo-della-sezione-notizie-di-facebook/ (última consulta el 8 de junio de 2020).

varía en función de los objetivos y del presupuesto total, pero digamos que se puede partir del clásico de cinco euros por publicación.

- **Flexibilidad**: como todo lo relacionado con el plan de redes sociales, también la distribución del presupuesto debe ser flexible y adaptarse en función de las necesidades y de los resultados de las pruebas. Si vemos que una campaña de captación de contactos da malos resultados, es mejor pararla y comprobar qué es lo que no va, en vez de gastar dinero en algo que no funciona. Si se presenta comercialmente la oportunidad de vender algo porque así lo exige el mercado en ese momento, vale la pena trasladar el presupuesto que estaba destinado a otras actividades hacia esta nueva oportunidad. Si la campaña de promoción está dando buenos resultados, es mejor rascar algo del presupuesto destinado, por ejemplo, a las campañas de captación de contactos para ampliar lo que funciona, en vez de desperdiciar la oportunidad.

Gestionemos nuestro pequeño «tesoro» con sentido común, prestando atención a lo que funciona y a los cambios que, en este trabajo, nos vemos obligados —muy a menudo— a afrontar por el camino.

Capítulo 9

Preguntas frecuentes, política de empresa, comentarios: las reglas del juego

¿Qué hacer en caso de comentarios negativos por parte de los usuarios? ¿Y si utilizan palabrotas en los comentarios, los borramos o lo dejamos correr? ¿Qué respondemos si nos hacen una pregunta frecuente? Y, sobre todo, ¿quién se ocupa de gestionar los mensajes directos: nosotros, el cliente o quizá otro proveedor implicado? Ser un verdadero profesional significa ser flexible en caso de imprevistos, por supuesto, pero también organizar el trabajo, poniendo en marcha una serie de procedimientos que permitan tanto optimizar los tiempos como minimizar la posibilidad de error. Todos, por supuesto, cometemos errores y un descuido puede tenerlo cualquiera. Quizá precisamente porque estamos sobrecargado de tareas. Fijando desde el principio «las reglas del juego» y estableciendo cómo comportarse en determinadas situaciones, evitaremos muchos de los problemas que pueden surgir de la improvisación.

Preguntas, respuestas... las preguntas frecuentes

Has de tener en cuenta que las redes sociales son canales muy utilizados por los consumidores para dialogar con las marcas[1]; consumidores que esperan respuestas precisas y rápidas. Es evidente que si esperas un gran volumen de

1. https://blog.hubspot.com/service/social-media-stats (última consulta el 8 de junio de 2020).

peticiones diarias —consulta por ejmeplo la página de Facebook de Vodafone[2] para hacerte una idea solo de los comentarios públicos— es necesario crear un equipo dedicado exclusivamente a ello. Sin embargo, en general, es el administrador de la comunidad de la red social quien se encarga de esta cuestión.
Por ello, siempre es aconsejable definir desde el principio y, por lo tanto, incluir en el plan y hacer que el cliente apruebe antes de empezar:

- una serie de respuestas guardadas en los mensajes para las preguntas más frecuentes (¿recuerdas? Dijimos que las anotaras durante la fase de análisis);
- una serie de respuestas guardadas para los comentarios más frecuentes;
- las respuestas automáticas y las preguntas frecuentes para Facebook e Instagram.

De este modo, si eres tú quien gestiona las peticiones, no tendrás que dedicar todo el tiempo a preguntarle al cliente (o a tu persona de contacto) las respuestas que debes ofrecer. O, en cualquier caso, podrás apañártelas mucho más rápido, al menos con las preguntas más frecuentes.
Si no utilizas herramientas específicas de las redes sociales, puede bastar con una simple hoja de Excel, compartida en Drive (Figura 9.1), con las respuestas ya introducidas y divididas por temas —de modo que sea más fácil localizarlas— para ir actualizándola, poco a poco, con las otras que se irán dando a medida que vayan llegando las preguntas. Te permitirá, incluso en movilidad y teniendo más cosas que gestionar, tener siempre la respuesta preparada.

EJEMPLO E-COMERCIO ZAPATOS

PREGUNTA	RESPUESTA PLANTILLA
PRECIOS Y PRODUCTOS	
¿Cuál es el precio de [PRODUCTO]?	Hola, [NOMBRE], el precio de [NOMBRE PRODUCTO] es de [PRECIO]. Aquí encontrarás todas las informaciones y los enlaces [enlace producto]. Si tienes más preguntas, ¡aquí estamos!
¿Qué significa CRUELTY FREE?	
¿Dónde se fabrican los zapatos?	
ENVÍOS	
¿Cuánto cuesta el envío?	
¿Se hacen envíos fuera de Italia?	
¿Cuánto tiempo tarda en llegarme el producto?	
B2B y OFFLINE	
Estoy interesado en vender vuestros productos en mi tienda	
¿Puedo encontrar vuestros zapatos en mi ciudad?	
¿Dónde puedo encontrar vuestros zapatos en [NOMBRE CIUDAD]	
OTRAS	

Figura 9.1 - Ejemplo de plantilla compartida con respuestas.

2. https://www.facebook.com/pg/vodafoneit/ (última consulta el 8 de junio de 2020).

Establecer los tiempos de respuesta, definir cómo responder, pero también cómo coordinar posibles crisis o comentarios negativos se incluye en la primera parte de la llamada política interna de redes sociales, es decir, la que establece cómo gestionar internamente la presencia social de la marca. En este documento tampoco deben faltar las referencias a la gestión de accesos y datos sensibles y, obviamente, a las tareas y responsabilidades de las personas implicadas.

El flujo de trabajo

Luego, en función del tipo de cliente —y del contrato— también es importante prever el flujo de trabajo (workflow). En otras palabras, cómo deben tratarse determinados tipos de peticiones, a quién deben remitirse o comunicarse. Para las empresas muy pequeñas, donde tan vez la persona de contacto sea siempre la misma, no será necesario; pero en empresas más estructuradas, que tienen varios departamentos por ejemplo o desean hacer un seguimiento de todo lo mejor posible, es una actividad importante y delicada (Figura 9.2).

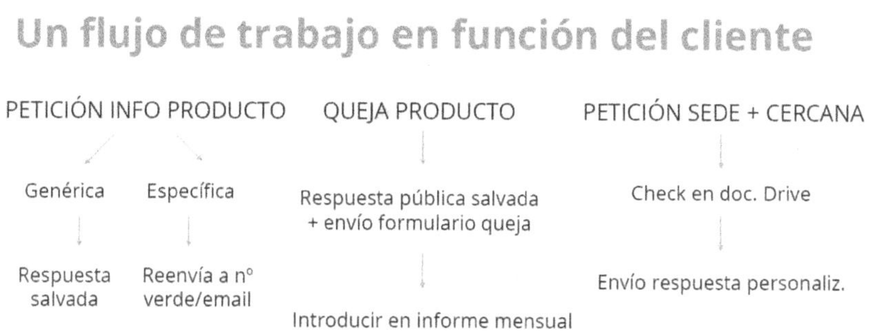

Figura 9.2 - Ejemplo de flujo de trabajo por cliente.

La política interna de las redes sociales

Pasemos ahora a la parte de la política de empresa. Sí, ya, porque ¿cómo esperamos que se comporten los empleados dentro de las redes sociales? ¿Pueden publicar fotos mientras están en el trabajo? ¿Tienen que calificarse si intervienen en las discusiones que conciernen a la marca para la que trabajan?

Recordemos que, de hecho, las conductas incorrectas de nuestro equipo y de personas vinculadas a nuestra marca puede dañar —y mucho— la reputación de la propia marca, así como de la persona responsable. Aunque se borren los rastros de ellas. Es célebre el despido por parte de Disney en 2018 de James Gunn, director de la película *Guardianes de la Galaxia*, debido a unos tuits poco simpáticos en el pasado —aunque borrados— sobre violaciones, pederastia y Holocausto[3]. Así como la del empleado de Taco Bell que publicó una foto mientras lamía los tacos, generando una auténtica pesadilla para la marca en las redes[4].

Un excelente ejemplo de política interna en materia de redes sociales dirigida a los empleados lo ofrece Unioncamere Emilia-Romagna[5], que invita al personal a no divulgar informaciones confidenciales, a evitar los mensajes que insulten a la administración, a respetar la intimidad de los compañeros, a no utilizar la marca sin autorización, etc. Otro ejemplo positivo se encuentra en las Directrices de Informática Social de IBM[6], donde destaca el uso de «nosotros» en todas las reglas sugeridas, como para reforzar el sentimiento de pertenencia a una comunidad, la de los *IBMers*, compacta y coherente.

Sobre todo en el caso de las empresas estructuradas, mi consejo es obtener también el apoyo de un abogado experto en la redacción del documento. Ninja Marketing ofrece una buena guía para construir una eficaz política de redes sociales[7].

Gestión de las crisis y de los comentarios negativos

Ni siquiera las mejores empresas se ven libres de sufrir críticas: quizá porque el producto o servicio adquirido no ha cumplido las expectativas o, más sencillamente, porque en realidad hemos cometido un error sin darnos cuenta. ¿Qué hacer en estos casos? ¿Qué hacer cuando llega un comentario —o peor— una reseña negativa? En la Figura 9.3 hemos creado una infografía con los pasos que debemos seguir.

En general, en estos casos lo importante es la *atención*, la *velocidad de respuesta* y la *transparencia*.

3. https://www.ilfattoquotidiano.it/2018/07/21/disney-licenziato-per-alcuni-tweet-offensivi-james-gunn-il-regista-di-guardiani-della-galassia/4507277/ (última consulta el 8 de junio de 2020).
4. https://mashable.com/2013/06/03/taco-bell-taco-licker/ (última consulta el 8 de junio de 2020).
5. https://www.ucer.camcom.it/comunicazione/social-network/SOCIALMEDIAPOLICYINTERNA_di_ UnioncamereER. pdf (última consulta el 8 de junio de 2020).
6. https://www.ibm.com/blogs/zz/en/guidelines.html (última consulta el 8 de junio de 2020).
7. https://www.ninjamarketing.it/2019/10/18/come-costruire-una-corretta-social-media-policy-smp/ (última consulta el 8 de junio de 2020).

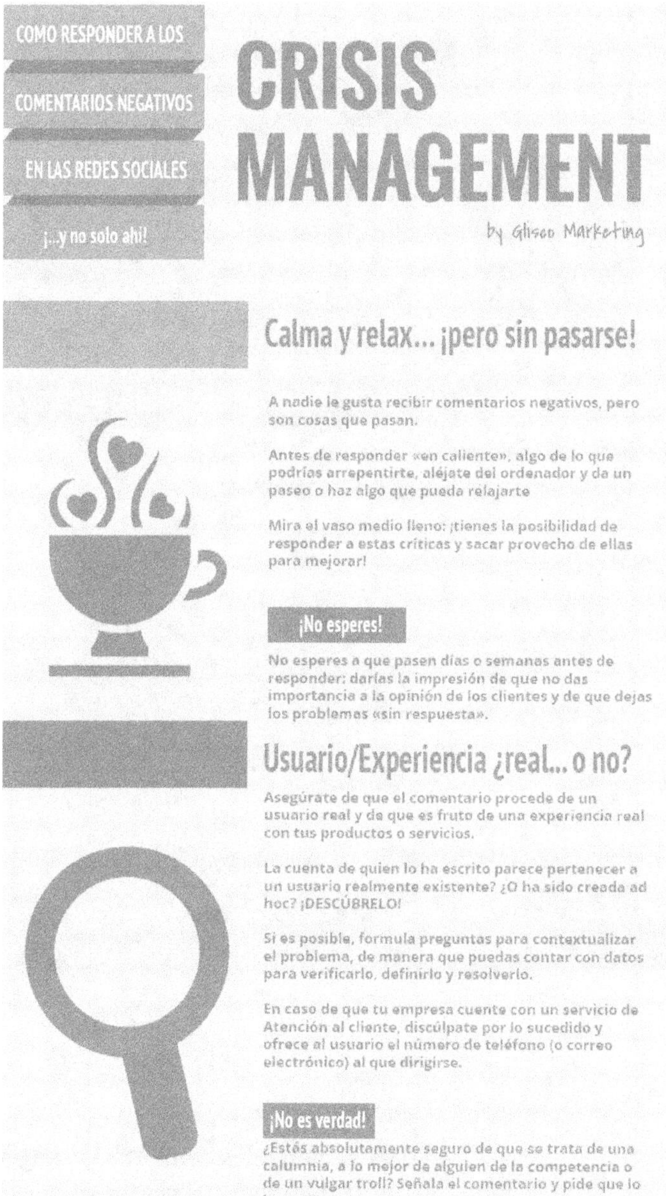

Figura 9.3 - Infografía para gestionar los comentarios negativos en las redes[8]. *(Continúa).*

8. https://www.gliscomarketing.com/come-rispondere-ai-commenti-negativi-nei-social-network/ (última consulta el 8 de junio de 2020).

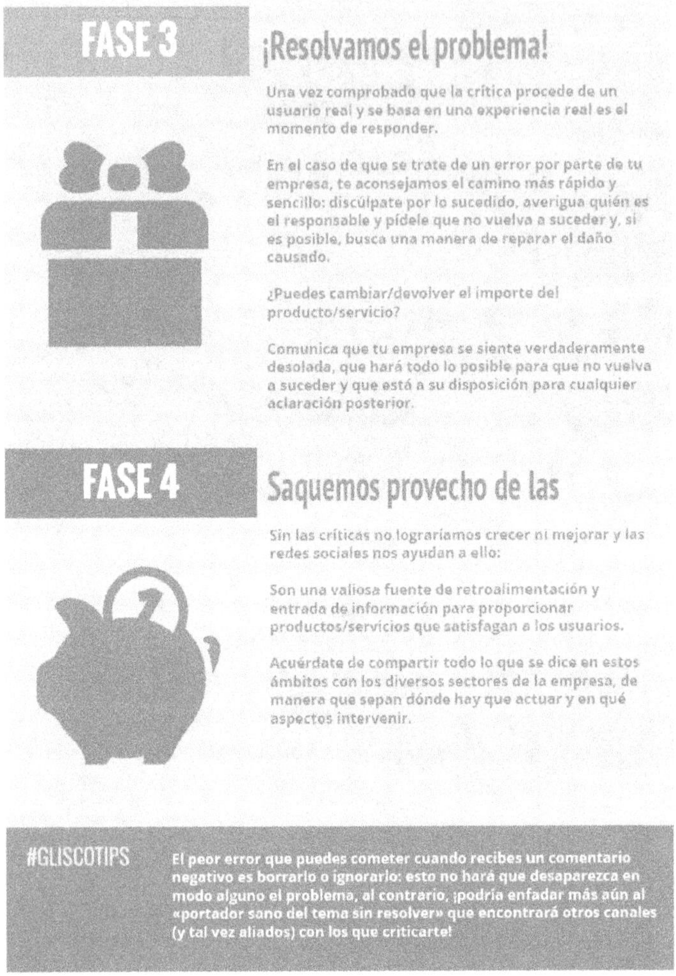

Figura 9.3 - Infografía para gestionar los comentarios negativos en las redes. *(Continúa).*

Es fundamental prestar la debida atención a los comentarios negativos que, si no se analizan y gestionan adecuadamente, podrían incitar a otras personas —no sabemos a cuántas, potencialmente todas las que los leen— a desconfiar de nosotros. ¿Recuerdas la importancia de las opiniones en línea en la elección de compra? Importante es también, por otro lado, la rapidez en la resolución del asunto, sin olvidar una comprobación interna para ver si la queja está justificada y si lo que el usuario afirma es real.

Por último, la transparencia: al pedir disculpas y evitar esconderse como si la cosa no fuera con nosotros, siempre que el error haya sido nuestro.

No negar

Personalmente, en mi trabajo como administradora de comunidades he cometido errores, como cuando por las prisas por programar he introducido un dato erróneo o he dejado una errata. Me he dado cuenta de que, disculpándome y agradeciendo a los que han señalado el error, no solo el asunto ha terminado ahí, sino que el usuario ha valorado mucho la atención que se le ha prestado.

Si se hace una crítica sobre el servicio/producto —llega tarde, no se ajusta a lo prometido— y resulta ser cierta, disculparse e intentar buscar soluciones mediante un cambio o actividades similares es la mejor opción.

> *“Evita el terrible error de borrar los comentarios negativos.”*

Evita el terrible error de borrar los comentarios negativos —a menos que sean descaradamente falsos, obviamente— como lo haría un niño que no quiere oír, tapándose las orejas: perderías la oportunidad de aprender, de buscar soluciones y, sin duda, la persona decepcionada encontraría otros espacios en los que quejarse y difamarte. Espacios que no puedes controlar.

Los errores en las redes sociales

Otras veces, los comentarios negativos son reacciones a los llamados fallos en las redes sociales, la peor pesadilla de todo gestor de redes.
Un fallo en las redes sociales es un verdadero desliz por parte de las marcas o de los personajes, cuya magnitud varía en función del número de personas que se percatan del mismo. Por eso, generalmente, se incluyen los de marcas muy famosas: simplemente porque son más fáciles de descubrir, dado que son seguidas por mucha gente. También las marcas más pequeñas han cometido y cometen muchos errores, pero, al tener un público menor, a menudo sucede que nadie se da cuenta y, por lo tanto, tienen menos resonancia.
También puede ocurrir que «el error» se produzca fuera de las redes sociales: este es el caso, por ejemplo, de la marca que adopta una posición mal vista por una gran parte del público —social, económica— o que realiza una campaña publicitaria inoportuna. En cualquier caso, ¿adónde irá la gente a expresar su desacuerdo?

Exacto, con toda probabilidad, a las redes sociales.
Hay varias situaciones de crisis y de diversa gravedad que pueden materializarse en este trabajo: algunas surgen de publicaciones con doble sentido, involuntariamente ofensivas, o de respuestas desagradables de la marca a comentarios de los usuarios. Otras nacen en el exterior y tienen raíces más profundas, como los posicionamientos inoportunos por parte de la marca o los escándalos. Y, por regla general, no se resuelven con alguna burla o publicación satírica, como fue el caso de la campaña publicitaria en China de Dolce y Gabbana[9] (empresa a la que, sin embargo, parece haberle ido muy bien posteriormente en términos de ingresos[10]).
El error puede ser de varios tipos, desde el gramatical hasta el de comunicación: en el artículo Social Media Fail, qué es y cómo evitarlo [+ PDF][11] encontrarás varios ejemplos de fallos reales en las redes sociales y una lista de comprobación para reducir las posibilidades de que te ocurra a ti. En las redes, claro.
Se trata de situaciones diferentes, con impactos distintos, a veces juzgados como fallos de comunicación, pero cuyo impacto real en las ganancias y en la marca a menudo se desconoce. Y que, por regla general, siempre es bueno evitar.
No hay una receta válida para manejar todas las situaciones de crisis entre otras cosas porque, como verás, puede implicar varios niveles de toma de decisiones, pero sigue siendo válido el consejo sobre la gestión de los comentarios negativos: velocidad de respuesta, atención a las retroalimentaciones de los usuarios y transparencia son las palabras clave para salir airoso.
Como habrás notado, en la sección de fallos en las redes sociales no encuentras muchos ejemplos y por una sencilla razón: por un lado, porque la Red está llena de artículos al respecto, por otro porque todos podemos cometer errores y tras estas marcas de las que se burla medio mundo hay gente como nosotros, y colegas que pueden haberse equivocado de buena fe. Así es, en un mundo que tanto se gratifica explicar los errores de los demás, yo he preferido no darles una mayor resonancia, y centrarme en examinar la manera de gestionarlos y ponerles remedio.

9. https://www.corriere.it/moda/news/18_novembre_25/dolce-gabbana-effetti-collaterali-da-cinese-vi-spiegoperche-modella-non-ci-piaceva-35e93212-f08f-11e8-93f5-f4e69b527157.shtml (última consulta el 8 de junio de 2020).
10. https://www.linkiesta.it/2020/02/dolce-gabbana-settimana-moda/ (última consulta el 8 de junio de 2020).
11. https://www.veronicagentili.com/social-media-fail-2/ (última consulta el 8 de junio de 2020).

Capítulo 10
Las herramientas del oficio

Pasemos ahora a un aspecto tan delicado como importante: la selección de las «herramientas del oficio» que tan crucial resulta para la calidad de nuestro trabajo y para optimizar el tiempo.

Empecemos por algunas premisas. No es obligatorio utilizar herramientas externas para gestionar las cuentas sociales; sin embargo, especialmente si tienes varios clientes o marcas con grandes volúmenes de conversaciones que procesar o campañas que supervisar, te darás cuenta de que las herramientas nativas que ofrecen las redes sociales para programar las publicaciones, gestionar las conversaciones, realizar informes, optimizar las campañas, etc., en la mayoría de los casos no son suficientes. Claro que se puede hacer todo manualmente, pero con determinadas herramientas que te permiten analizar y catalogar los datos en un instante, generar informes personalizados, gestionar todas las conversaciones en una única interfaz, ahorrarás horas y horas de trabajo. ¿Hay que pagar obligatoriamente las herramientas externas para ser un gestor de redes sociales profesional? No. ¿Necesitarás herramientas externas de redes sociales para optimizar tu trabajo? Probablemente, sí.

No hay una herramienta de redes sociales perfecta para todo el mundo. Las variables que debes tener en cuenta son múltiples:

- **las redes sociales que gestionas**: algunas herramientas se centran más en Facebook, otras más en Instagram, etc.;
- **la cantidad de perfiles que insertas**: por eso muchos prevén planes de suscripción "de agencia", autónomos, compañías, etc.;
- **los objetivos principales**: algunas herramientas se centran en el monitoreo de la reputación de la marca, otras en la optimización de la gestión de comentarios y mensajes, otras en la planificación de contenidos;

- **el presupuesto, como es lógico**: va desde unos pocos euros al mes hasta decenas o incluso cientos de miles de euros al año;
- **el número de personas implicadas**.

Antes de invertir en cualquier herramienta, asegúrate de que se ajusta a tus necesidades. Mejor aún, pruébala —en la mayoría de los casos tienes una demo o una prueba gratuita disponible— porque no importa si el artículo del influencer X ha dicho que es la mejor herramienta de gestión de redes sociales del mundo, quizá no sea útil para ti.
Ten siempre en cuenta que las herramientas de las redes sociales están en constante evolución: en parte por la naturaleza siempre cambiante de las redes sociales, en parte porque hay una tendencia a ofrecer siempre nuevos y mejores servicios. Y un poco también porque las propias sociedades suelen cerrar o restringir el acceso a las API[1] de un día para otro: es famosa, en este sentido, la repentina restricción de la API de Instagram en 2018[2]. No es posible tener una imagen actualizada del estado de la técnica, si no es de mes a mes. Esto es para decirte que puedes encontrar nuevas características en las herramientas que mencionaremos, pero también restricciones con respecto a las prestaciones porque, tal vez, ya no son accesibles.
Las herramientas de las redes sociales, además, surgen constantemente: en especial, las verticales, como las que sirven para programar las historias. Se trata de un mercado en crecimiento, y esta es por tanto otra buena razón para que estemos continuamente al día.
Las prestaciones varían en función del tipo de suscripción elegido: en general, las herramientas de redes sociales ofrecen diferentes planes que proporcionan, a medida que aumenta el precio anual o mensual, un incremento de los accesos y las funcionalidades. En algunos casos tenemos una versión gratuita con características limitadas, como el acceso a tres redes sociales y un usuario, con la posibilidad de actualizarlo. Alternativamente, o además, las herramientas pueden proponer paquetes diseñados según el tipo de actividad: como ya hemos visto, las más típicas son autónomos, agencias y compañías (Figura 10.1). Por lo tanto, hay que considerar cuidadosamente el tipo de suscripción que se va a realizar, teniendo en cuenta las funcionalidades necesarias, el número de personas a las que se les va a dar acceso y el tipo de cuenta social que se va a vincular.

1. Son las siglas de Application Program Interface: se trata de un conjunto de rutinas, protocolos y herramientas para crear aplicaciones de software. Básicamente, una API especifica cómo deben interactuar los componentes del software. Además, las API se utilizan cuando se programan los componentes de la interfaz gráfica de usuario.
2. https://techcrunch.com/2018/04/02/instagram-api-limit (última consulta el 9 de junio de 2020).

A menudo, una única herramienta de redes sociales puede no ser suficiente. Por supuesto, existen herramientas y suscripciones capaces de cubrir la mayoría de las necesidades sociales de una marca, desde la escucha hasta la gestión y la administración de campañas, con posibilidades de personalización (Hootsuite Enterprise es un ejemplo)[3]; pero suelen ser soluciones para marcas muy estructuradas o agencias que manejan un gran volumen de trabajo. En varios casos, especialmente para el gestor profesional autónomo de redes sociales, será necesario apoyarse en varias herramientas que se complementen entre sí.

Figura 10.1 - Ejemplo de tipos diferenciados de suscripciones a Hootsuite.

Herramientas de escucha y análisis de las redes sociales

Para una marca, entender de qué hablan los usuarios, qué piensan de un determinado tema, pero sobre todo qué piensan de ella, de los productos o de los servicios que ofrece es de vital importancia. Este aspecto no es crucial, como muchos creen, solo para los grandes: la reputación es un verdadero activo corporativo incluso para los más pequeños, que hay que cuidar con la máxima atención y constancia.
Hemos de tener en cuenta los siguientes datos[4]:

3. https://hootsuite.com/it/piani/enterprise (última consulta el 9 de junio de 2020).
4. https://www.forbes.com/sites/ryanerskine/2017/09/19/20-online-reputation-statistics-that-every-businessowner-needs-to-know/ (última consulta el 9 de junio de 2020).

- El 93 % de las personas afirma que las reseñas en línea determinan sus decisiones de compra;
- El 91 % de los consumidores cree en las opiniones en línea tanto como en las recomendaciones personales;
- Las empresas se arriesgan a perder el 22 % de su negocio, si en la primera página de resultados de búsqueda los usuarios encuentran *un* artículo negativo; con cuatro o más se llega al 70 % de los clientes.

Si pensamos además que el consumidor medio menciona las marcas unas noventa veces a la semana[5], es evidente la importancia de vigilar constantemente lo que se dice de la empresa, de sus productos, pero también de los de sus competidores en línea.

Sin embargo, la utilidad de las herramientas de escucha y análisis de las redes sociales no se limita al análisis de la reputación, tanto de la nuestra como de la de nuestros competidores; permiten, de hecho, escuchar al propio mercado, una actividad fundamental para tomar decisiones —quizá en el desarrollo de un producto o de servicio concretos— sino también para interpretar y pilotar ciertas tendencias.

Estas herramientas son también muy útiles para identificar a los influencers a quienes involucrar en las propias iniciativas, así como para medir los volúmenes de conversaciones generadas, por ejemplo, sobre una campaña específica. De este modo, se determinará su impacto, no solo en cuanto a las ventas.

Así es, porque la escucha de las redes sociales no se limita simplemente a medir el volumen de conversaciones generadas o las menciones, sino que también se extiende al aspecto cualitativo de estas conversaciones, el sentimiento, precisamente[6], que es lo más importante. Hablan de nosotros, ¿pero bien o mal?

Las herramientas de escucha de redes sociales, en definitiva, pueden ser un valioso aliado para transformar opiniones, conversaciones y tendencias en acciones útiles para nuestro negocio.

Como veremos, aparte de analizar las conversaciones en redes sociales, en la mayoría de los casos también informan de las menciones en artículos, foros y muchas otras fuentes. Con determinados tipos de suscripción, la escucha también es retroactiva.

Hay herramientas de este tipo para todos los bolsillos y con varios niveles de profundidad y sofisticación. Echemos un vistazo a las más conocidas.

5. https://blog.reputationx.com/online-reputation-management-statistics (última consulta el 9 de junio de 2020).
6. https://blog.hootsuite.com/social-media-sentiment-analysis-tools/ (última consulta el 9 de junio de 2020).

Mention

Mention te permite controlar más de mil millones de fuentes diarias que incluyen las redes sociales, los sitios de opinión, los foros y los blogs. Con esta herramienta no solo podemos monitorear lo que se dice sobre un determinado producto o marca y recibir cómodamente los informes diarios o alertas en caso de picos anómalos, sino también analizar tendencias y competidores. Los volúmenes de alertas, menciones, usuarios y cuentas sociales varían según el plan. La versión gratuita es buena para las pequeñas empresas que no tienen grandes presupuestos, pero que de todas formas quieren controlar lo que se dice en la red sobre su marca y sus competidores.

Talkwalker

Es una herramienta muy potente y conocida que permite analizar de forma simultánea fuentes en línea, redes sociales, fuentes impresas y de TV/radio nada menos que en cerca de doscientos idiomas.
Además de la tecnología propia de reconocimiento de imágenes, permite acceder a más de dos años de datos históricos y compartir informes, cuadros de mando y widgets de forma rápida y sencilla. El plan anual parte de los seis mil euros, pero algunas herramientas son gratuitas[7]: son ejemplos de ello las Talkwalker Alerts, con las que podemos estar al día en tiempo real sobre lo que se dice sobre ciertos temas en la web y en Twitter, y el Free Social Search, para controlar las conversaciones en las redes sociales.

Blogmeter

Se trata de un paquete de programas integrado de creación italiana, que nos permite:

- monitorear la propia reputación en línea;
- analizar los rendimientos de los perfiles en Facebook, Instagram, YouTube y Twitter;
- descubrir, entre más de diez mil influencers, los que realmente funcionan en las principales redes sociales.

También hay que señalar que Blogmeter publica de manera periódica investigaciones muy interesantes, como la edición anual de *Italianos y Redes Sociales*[8].

7. https://www.talkwalker.com/it/strumenti-gratuiti-per-lanalisi-e-il-monitoraggio-dei-social-media (última consulta el 9 de junio de 2020).
8. https://www.blogmeter.it/it/reports/italiani-e-social-media-2019 (última consulta el 9 de junio de 2020).

Brandwatch

Se trata de una plataforma realmente completa que ofrece acceso a cien millones de fuentes y mil trescientos millones de publicaciones. Con Brandwatch no solo pueden analizarse las conversaciones y las imágenes —la tecnología de análisis de imágenes se ve reforzada por las redes neuronales y el aprendizaje profundo—, sino también el acceso a una enorme biblioteca de conversaciones, que se remonta hasta 2008.

Útil para gestionar los momentos de crisis y, por supuesto, para controlar la propia reputación y la de los competidores, la plataforma también está diseñada para:

- **Actividades de marketing de influencers.** Hay una base de datos disponible, con más de cuatrocientos cincuenta millones de personas que generan un compromiso real, y un conjunto de herramientas para identificar a los microinfluencers y optimizar la estrategia.
- **Optimizar la actividad de los contenidos.** Brandwatch permite el análisis de los contenidos e identificar los que mejor funcionan con la audiencia propia, así como los mejores artículos para cualquier tema o industria. Identificando a los creadores con más visitas, podrías pensar en colaboraciones.

BrandMentions y Brand24

BrandMentions es una herramienta con un precio muy asequible —desde cuarenta y nueve dólares al mes— con la que monitorear las conversaciones respecto a la propia marca y las de los competidores, y conocer las tendencias de su sector. Con BrandMentions puedes encontrar influencers en tu nicho y quizás implicarlos en alguna iniciativa.

Brand24, en cambio, ofrece planes a partir de cuarenta y nueve euros al mes y permite saber quiénes hablan de nosotros en Internet, qué dicen y el sentir de las conversaciones, así como identificar a los influencers del sector.

Fanpage Karma, Ninjalitics, Ingramer y Vaizle

También hay herramientas que permiten un análisis en profundidad de los rendimientos de nuestras cuentas en las redes sociales y las de nuestros competidores, tanto en el pasado como en el presente. Poe ejemplo, Fanpage Karma, una herramienta que da acceso a muchas métricas para el análisis de cuentas de Facebook, Instagram y otras; luego tenemos Ninjalitics e Ingramer para Instagram, Vaizle para YouTube.

Sea cual sea la herramienta en la que nos apoyemos para analizar y escuchar las cuentas sociales o si, en el caso de las pequeñas empresas, decidimos hacerlo manualmente, siempre debemos recordar que esta actividad no es una actividad puntual o esporádica: es bueno estar siempre atentos a las conversaciones que se refieren a la marca, así como el análisis y la comparación de los rendimientos de forma continua.

“Es bueno estar siempre atentos a las conversaciones que se refieren a la marca.”

Herramientas de gestión de redes sociales

Cuando hay muchas conversaciones que moderar, varias personas implicadas o, simplemente, varias cuentas que gestionar —con todo lo que comporta en cuanto a la elaboración y aprobación del plan editorial, la programación de las publicaciones, análisis, informes—llega definitivamente el momento de plantearse la compra de una (o varias) herramientas de gestión de redes sociales.
Este tipo de herramienta, como su nombre indica, permite gestionar las presencias en redes sociales. En la mayoría de los casos también hace posible otra serie de actividades, como el análisis y la escucha de las conversaciones en torno a la propia marca o la creación y envío de informes.
Hay una gran cantidad de herramientas de este tipo. Entre los servicios más ofrecidos están:

- **Gestión de interacciones y mensajes**: se va desde la moderación de los comentarios o la gestión de los mensajes, hasta la integración con los más conocidos CRM[9], para tener una visión global de la actividad del usuario. Así, permiten optimizar los tiempos de moderación, gestionar de forma simplificada el flujo de trabajo y el trabajo en equipo. No solo eso, a menudo también nos informa del rendimiento del personal del equipo, como los tiempos de respuesta, el número de solicitudes procesadas, etc. Algunas herramientas también ofrecen una especie de CRM social, con la posibilidad de etiquetar a los usuarios con etiquetas personalizables.
- **Programación y publicación de posts**: permiten crear y programar la publicación de contenidos en varias redes sociales, optimizar la creatividad fácilmente según la plataforma, visualizar el calendario editorial

9. La gestión de las relaciones con los clientes es un sistema que permite a las empresas gestionar las relaciones comerciales, los datos y la información asociada a ellos.

y enviarlo al cliente para su aprobación. Algunas herramientas, además, se integran con otras que permiten mejorar las publicaciones o gestionar la creatividad, como por ejemplo SocialPilot con Canva[10] o Hootsuite con Adobe Stock[11].

- **Informes**: los informes que ofrecen estos programas son mucho más profundos y personalizables que los nativos, a veces con la posibilidad de agregar varias fuentes, baste con pensar en Google Analytics. Como veremos, la parte referida a los informes es realmente crucial para un gestor de redes sociales y puede llevarnos mucho tiempo: en este sentido, estas herramientas permiten ahorrar tiempo, programar el envío periódico de los datos, establecer alertas personalizadas y reforzar la marca en los propios informes.

No hay un instrumento perfecto para todo el mundo, por lo que recomiendo, antes de proceder a la compra, probar *siempre* las herramientas que nos interesan, dado que, en la mayoría de los casos, como se ha mencionado, existe la posibilidad de una prueba gratuita. Si identificamos las herramientas de redes sociales adecuadas, podremos ahorrar bastante tiempo en nuestro trabajo diario y ofrecer mejores rendimientos a nuestros clientes.

Buffer

Buffer ofrece un paquete de productos para programar las publicaciones, gestionar las interacciones, controlar los análisis y organizar los equipos sociales. Muy simple y intuitivo, permite trabajar con contenidos de Facebook, Instagram, LinkedIn, Twitter y Pinterest, personalizar cada publicación para cada red social específica, visualizar tanto las publicaciones ya hechas como las programadas en un práctico calendario, salvar grupos de hashtags para Instagram, preparar y programar historias tanto desde la web como desde el móvil, configurar un flujo de trabajo de aprobación y muchas cosas más. Para la publicación, las suscripciones parten de los quince dólares al mes.

Hootsuite

Sin duda, una de las herramientas de marketing en redes sociales más populares. Con su conjunto de servicios Hootsuite cubre un poco de todo: desde la analítica a la monitorización, pasando por la curación de contenidos y los análisis, hasta terminar con la promoción, gracias a Hootsuite Ads. Las sus-

10. https://www.socialpilot.co/product-update/canva-integration (última consulta el 9 de junio de 2020).
11. https://apps.hootsuite.com/ (última consulta el 9 de junio de 2020).

cripciones empiezan por los veinticinco dólares al mes y, como en los demás casos, el coste sube a medida que se añaden prestaciones.
También ofrece la posibilidad de programar los contenidos de forma automática[12], visualizar el calendario editorial, integrar y optimizar el trabajo realizado mediante una serie de aplicaciones externas, crear y archivar plantillas de publicaciones para su reutilización, planificar y gestionar campañas, crear modelos de informes y personalizarlos y unificar los mensajes entrantes desde las distintas redes en un único flujo.

Sprout Social

Se trata de otra herramienta muy completa que, además de las características de base para la gestión de las conversaciones, los informes y la programación, permite también gestionar y monitorear las reseñas en Google My Business, Facebook y Tripadvisor, promocionar las publicaciones de Facebook, gestionar los mensajes de Facebook, Instagram, LinkedIn y Twitter desde una única interfaz, programarlos en los mejores momentos, crear bots para Facebook y Twitter y recibir alertas en caso de picos particulares en los mensajes recibidos.

Agorapulse

Esta herramienta permite gestionar muchos aspectos del trabajo diario del responsable de marketing en redes sociales o del equipo de redes sociales. En lo que se refiera a la atención al cliente, Agorapulse ofrece una fantástica bandeja de entrada unificada, donde es posible moderar todas tus conversaciones y mensajes en redes sociales (que puedes asignar a otros o catalogar con un solo clic) con la posibilidad de establecer reglas automáticas para optimizar el tiempo de gestión, etiquetas personalizables para los usuarios y la posibilidad de monitorear y gestionar también los comentarios realizados en las publicaciones ocultas de las campañas publicitarias. Es ideal para quienes gestionan bastantes y quieren siempre tener la situación bajo control.
Entre las demás características destacan: las funciones para programar periódicamente publicaciones evergreen, la función para subir en grupo publicaciones mediante CSV, para gestionar el proceso de aprobación de las publicaciones, para compartir el calendario con los clientes, los informes personalizados, el etiquetado automático de los fans más activos y el historial para los usuarios. A partir de setenta y nueve euros al mes, es compatible con Facebook, Instagram, Twitter, LinkedIn y YouTube.

12. https://help.hootsuite.com/hc/it/articles/204586040-Programmare-i-post#3 (última consulta 9 de junio de 2020).

SocialPilot

A partir de veinticinco dólares al mes con el plan anual, SocialPilot permite programar las publicaciones en Facebook, Twitter, Instagram, Google My Business, Pinterest, TikTok y VK con una serie de funcionalidades avanzadas, gestionar el trabajo en equipo y con los clientes —incluyendo soluciones de marca blanca para agencias— y generar informes detallados.

Sendible

Desde la publicación hasta la escucha, pasando por la colaboración con los colegas y el análisis: esta herramienta permite cubrir varios aspectos del trabajo del gestor en las redes sociales. Con Sendible es posible monitorizar la reputación de la marca, crear y automatizar informes, gestionar Facebook, Twitter, LinkedIn, Instagram, YouTube y Google My Business, integrando directamente la actividad con Canva, Google Drive y Dropbox. Desde veinticuatro euros al mes.

PostPickr

Es una gran herramienta made in Italy, que permite organizar los contenidos, programar las publicaciones en varias redes sociales, compartir proyectos editoriales con clientes, colegas y colaboradores, agregar y gestionar las fuentes y medir el rendimiento de las cuentas y de los contenidos. También está disponible en versión gratuita.

Socialbakers

Plataforma muy conocida con mil funcionalidades, entre las que destacan las relacionadas con la gestión de la comunidad, el análisis de la audiencia y la evaluación comparativa, el análisis de la estrategia orgánica y de pago, y la gestión de contenidos con inteligencia artificial. A partir de ciento setenta euros al mes.

Later

Esta herramienta permite programar y analizar las publicaciones en Facebook, Instagram, Pinterest y Twitter, además de ofrecer una serie de funcionalidades muy enfocadas a Instagram, como Instagram Analytics, la posibilidad de programar historias y crear guiones gráficos, obtener sugerencias sobre los hashtags que utilizar, organizarlos y analizarlos. Esta herramienta también está disponible en versión gratuita.

Iconosquare

Centrada en Instagram y Facebook, la herramienta muestra análisis avanzados, con valores de referencias en más de un centenar de sectores, para comparar tus propios rendimientos, hacer un seguimiento de la competencia y ofrecer datos analíticos específicos de historias, etiquetas y menciones. Cuenta con un sistema de programación de contenidos y carga masiva de imágenes, para que puedan ser utilizadas posteriormente. Permite la sugerencia y el seguimiento de hashtags y la posibilidad de moderar las conversaciones directamente desde el tablero. A partir de veintinueve euros al mes.

Herramientas de publicidad en las redes sociales

También hay una serie de herramientas diseñadas para quienes tienen que gestionar grandes presupuestos, muchas campañas publicitarias o simplemente necesita funcionalidades específicas que no encuentra en las plataformas sociales. Estas herramientas permiten realizar una gran variedad de tareas, desde generar informes personalizados a la gestión de las campañas a través de cuadros de mando mucho más fáciles de usar que los nativos, pasando por la automatización de los anuncios, hasta la generación de cientos de variantes de anuncios con unos pocos clics.
Por lo general, se trata de herramientas de pago, para las que existe un precio variable según las funcionalidades requeridas o según el gasto mensual, y que a menudo ofrecen también servicios complementarios de consultoría y de coaching para la optimización de las propias campañas.

AdEspresso

Adquirida por Hootsuite, es una de las plataformas más conocidas del mundo, que permite gestionar y optimizar las campañas tanto en Google como en Facebook. Permite crear, optimizar y automatizar las campañas en un puñado de clics, por no hablar de las funciones relacionadas con la elaboración de informes, gracias a las que pueden crearse y automatizarse informes personalizados.
AdEspresso también ofrece un servicio de revisión de campañas, coaching y gestión[13]. Resulta excelente no solo para los que tienen que gestionar grandes presupuestos/muchas campañas y necesitan, por lo tanto, herramientas

13. https://adespresso.com/tour/marketing-services/ (última consulta el 9 de junio de 2020).

más avanzadas que las que ofrece la plataforma nativa, sino también para quienes gestionan varios clientes/marcas y quieren tener todo unificado bajo una única interfaz. Además, es adecuada para los que buscan un sistema más sencillo e intuitivo de visualizar, crear y optimizar las campañas. Desde cincuenta y ocho dólares al mes.

Smartly

Automatización y flujos de trabajo simplificados: esto es lo que ofrece Smartly, y mucho más. Permite no solo aprovechar la inteligencia artificial para mejorar los rendimientos de las campañas, sino también ir rotando de forma automática los anuncios a partir del rendimiento, maximizar los resultados —asignando el presupuesto y utilizando datos de primera y tercera parte— mejorar los rendimientos de los anuncios dinámicos con plantillas *ad hoc*. Se trata, sin duda, de una herramienta muy sofisticada para los que tienen grandes presupuestos, con precios a partir de cinco mil euros al mes para presupuestos medios inferiores a los cien mil euros.

AdRoll

Para decirlo con las proprias palabras con que se presenta la marca, «AdRoll ofrece a los profesionales del comercio electrónico las herramientas esenciales que necesitan para hacer crecer sus marcas, todo desde una única plataforma»[14]. No solo anuncios, por tanto, sino un avanzado conjunto de herramientas de segmentación de clientes, de seguimiento avanzado, de atribución entre canales disponibles, de automatización del marketing por correo electrónico, de asesoramiento sobre productos basados en la inteligencia artificial y mucho más. En el momento en que escribo puedes probarlo gratis.

WordStream

Con esta herramienta es posible gestionar campañas tanto en Facebook como en Google y Bing. Está diseñado para las pequeñas y medianas empresas y ofrece diversas soluciones para maximizar las conversiones, con la posibilidad de ser seguido por un experto certificado, crear páginas de aterrizaje y ventanas emergentes, delegar la gestión de las cuentas a los especialistas y otras integraciones. Está disponible a partir de ciento noventa y nueve dólares al mes.

14. https://www.adroll.com/it-IT/why-adroll-digital-marketing-platform (última consulta el 9 de junio de 2020).

Capítulo 11

El informe sobre las redes sociales y la dirección correcta

Hemos emprendido juntos este viaje por el mundo de los gestores de redes sociales: te falta un último detalle para ser un auténtico profesional.
Un detalle que resulta crucial no solo para dar cuenta de nuestro trabajo, sino también para tomar —y hacer que el cliente/jefe tome— decisiones sensatas: el informe de redes sociales.
Son muchos quienes creen que crear y enviar periódicamente el informe al cliente significa descargar los insights de las distintas redes sociales o hacer capturas de pantalla y enviarlas una vez al mes, esperando, además, que no haga demasiadas preguntas.
A menudo vemos «informes» enviados por agencias y profesionales —o que se hacen pasar por tales— en los que, simplemente, se juntan las distintas capturas de pantalla con los datos analíticos de la red social de turno, para luego, quizá, quejarse de que el cliente no entiende el valor del trabajo realizado o no ha renovado el contrato porque no está satisfecho con los resultados obtenidos.
¿Te suena esto?
El informe es esencial no solo para informar al cliente sobre el progreso del trabajo —y, en definitiva, para que vea por sí mismo en qué se gasta su dinero—, sino también, y sobre todo, para nosotros, los profesionales: para entender si nos movemos en la dirección correcta, para ver lo que funciona y lo que no.
El informe es lo que se nos exige —o lo que, en todo caso, deberíamos hacer— cuando nos encargan un análisis. Y también cuando gestionamos

una campaña o cuenta de manera temporal, para demostrar justamente el valor de lo que hemos hecho.

Las características de un buen informe sobre redes sociales

Dejemos claro desde el principio que un informe de redes sociales no es:

- una serie de números y datos sin interpretar;
- algo que no entienden los que se supone que van a leerlo;
- algo que no aporta conocimiento o determina acciones a quien lo lee;
- un montón de insight descargados y enviados.

“El cliente debe entender lo que hay escrito.”

El cliente —o quien vaya a leerlo, ya sea el director general, los que están por encima de nosotros o el director de marketing— debe entender lo que está escrito y, a partir de ahí, ser consciente de los datos y tomar decisiones. En caso contrario, serán tiempo y tinta desperdiciados. Por eso, a veces, también se hacen varias versiones de un informe, en función de quién lo vaya a recibir (Figura 11.1).

Cliente pequeña/mediana

X *"El CTR de la campaña ha sido del 2,3 %, pero el CR ha llegado al 14 %, lo que representa un CPA medio de 7,8 euros".*

V *"El anuncio y el público han sido alcanzados sin lugar a dudas (CTR 2,3 %); de todas formas, los usuarios han tenido dificultades para dejar sus datos en las páginas de aterrizaje y esto ha supuesto un coste medio por contacto muy alto (7,8 euros), por lo que se aconseja...".*

Figura 11.1 - El informe personalizado según el interlocutor.

¿Qué significa esto en la práctica?

Que si nuestro cliente es un pequeño empresario con escasos conocimientos de la terminología específica, decirle «la campaña de generación de clientes potenciales activada desde el ________ al _______ dio como resultado la adquisición de trescientos veinte clientes potenciales a un CPL medio de 1,50 euros por cliente potencial, con una tasa de conversión de ventas de aproximadamente el 8 %» equivaldrá, en el mejor de los casos, a ver cómo se salta con los ojos cerrados esta consideración, debido a un mareo, o a un desmayo. Sin embargo, es posible que si explicamos que «la campaña de adquisición de contactos activada entre el _______ hasta el ______ ha dado excelentes resultados: se han recogido, de hecho, datos de trescientas veinte personas interesadas en el servicio. Entre estas, gracias a la secuencia de correos electrónicos enviados automáticamente, tras la descarga del catálogo, veinticinco compraron un producto durante la primera semana», tendrá mucho más sentido. Lo mismo ocurre con los datos completamente descontextualizados. Si escribimos: «En la tasa media de interacción del mes de julio* [el asterisco indica una referencia cruzada necesaria, para esta y todas las métricas, dirigida a la explicación del significado del término y a cómo se calcula] de las publicaciones en Instagram fue del 5 %», es sin duda un dato, pero ¿cómo sabemos si es bueno o malo?

Mejor, entonces, un gráfico explicativo con la tendencia mensual acompañado con una explicación del tipo: «En el mes de julio, la tasa media de interacción de las publicaciones en Instagram fue de un 5 %, con un aumento del 25 % en comparación con el mes anterior. Esto parece demostrar que la elección de nuevas categorías temáticas está resultando muy eficaz y los usuarios valoran las nuevas sesiones fotográficas».

Evidentemente, las métricas que compartimos con el cliente y que, por tanto, utilizamos como indicadores de rendimiento (KPI) dependen del tipo de herramienta que utilizamos para determinarlas.

Cada herramienta de las redes sociales, como hemos visto, ofrece datos diferentes con distintos niveles de profundidad. Para un buen informe, será muy importante identificar, lo antes posible, las métricas clave que deben analizarse periódicamente y utilizar siempre las mismas, calculadas con la misma herramienta.

La gente suele cometer el error de no solo considerar a lo largo del tiempo y comparar datos completamente diferentes (por ejemplo, impresiones[1] y alcance[2] en Facebook, que no son en absoluto lo mismo), sino también de

1. https://www.facebook.com/business/help/675615482516035 (última consulta el 9 de junio de 2020).

2. https://www.facebook.com/business/help/710746785663278 (última consulta el 9 de junio de 2020).

comparar el mismo indicador, calculado, sin embargo, desde plataformas y de formas diferentes (ya lo hemos visto en el capítulo 6, con el ejemplo de la tasa de interacción, que puede conseguirse de seis maneras diferentes). Generalmente, si hablamos de datos, un informe de redes sociales debería incluir:

- menciones, sentimientos y/o tendencias relevantes y/o reseñas (reputación y análisis);
- personas alcanzadas y/o visualizaciones (notoriedad);
- tasa media de interacción y/o interacciones generadas (compromiso);
- visitas al sitio, solicitudes de información (consideración);
- contactos, ventas generadas (conversión) y, si están presentes, CTA[3] relevantes como «Llamar ahora», «Enviar mensaje», «Cómo llegar», etc.;
- solicitudes procesadas, tiempo medio de respuesta, índice de satisfacción del cliente, si se detecta (atención al cliente);
- publicidad: presupuesto invertido, resultados generados, posibles pruebas y resultados de promociones específicas.

Evidentemente, no basta con introducir «los números».

La estructura de un buen informe sobre las redes de comunicación social

Un buen informe debería contener:

- El rendimiento de las actividades según los objetivos establecidos y los KPI examinados: los definidos en la sección «Objetivos» del plan de redes sociales, para entendernos.
- Sugerencias y soluciones basadas en los resultados obtenidos. Obviamente, también podemos darlos verbalmente, pero si queda por escrito siempre es mejor.
- Logros, resultados de pruebas, categorías y posibles promociones insertadas.

En el blog de Hootsuite puedes encontrar un excelente ejemplo de plantilla para un informe de redes sociales con el que empezar y que puedes utilizar[4].

3. Son las siglas de Call To Action (llamada a la acción) y se refiere al siguiente paso que un vendedor quiere que su público o lector dé. La CTA puede tener una conexión directa con las ventas y, en cualquier caso, para que sea efectiva debe ser obvia e inmediatamente después del mensaje de marketing.
4. https://blog.hootsuite.com/social-media-report-template-guide/ (última consulta el 9 de junio de 2020).

Para los informes periódicos que se envían a los clientes/jefes, podrías utilizar una estructura como la siguiente:

- introducción;
- síntesis (resumen) de los resultados obtenidos y de los posibles aspectos, oportunidades y críticas que deben destacarse;
- resumen esquemático de los resultados, en redes o con captura de pantalla comparativa;
- focalización en las actividades realizadas y los resultados obtenidos;
- evaluación comparativa con los competidores, si es posible;
- sugerencias y conclusiones;
- apéndice: glosario de términos utilizados.

Para los informes relacionados con las campañas publicitarias o proyectos prolongados en el tiempo, puedes en cambio seguir este guion:

- introducción con el resumen del proyecto, las fechas y los objetivos alcanzados;
- resumen esquemático de los resultados obtenidos;
- focalización en las campañas, pruebas realizadas y resultados obtenidos;
- sugerencias y conclusiones;
- apéndice: glosario de términos utilizados.

Cada red social tiene su propia sección, precisamente porque se trata de diferentes métricas según los casos. Sin embargo, si se desea, pueden ofrecerse en una única visión para obtener una panorámica completa. Para ello, Hootsuite ofrece la funcionalidad Mixed Reports[5].

Escrito así, parece una operación engorrosa y muy larga, pero una vez establecida la plantilla y definidas las métricas clave —sobre todo si se cuenta con el apoyo de una buena herramienta de monitoreo y análisis— todo será mucho más fácil.

El calendario de envío

¿Con qué frecuencia es correcto enviar un informe? Depende de los acuerdos con el cliente y del tipo de cliente.

En algunos casos, cuando hay un gran volumen de actividad social, incluso puede que se pida un informe diario o semanal.

Por lo general, se recomienda un informe mensual, especialmente para los pequeños y medianos clientes, así como un informe anual en el que sacamos

5. https://help.hootsuite.com/hc/en-us/articles/214442008-Create-configure-or-delete-an-analytics-report (última consulta el 9 de junio de 2020).

conclusiones y también procedemos a la comparación con el periodo anterior: es una forma de ver de dónde partimos y a dónde hemos llegado.
También se puede pensar en enviar periódicamente un informe «estrictamente numérico» —sobre todo si el cliente está familiarizado con los datos— que luego se explica mejor verbalmente en la reunión mensual/trimestral. Y, tal vez, completado con un informe semestral o anual más exhaustivo.
El hecho es que, como se ha recomendado antes, es bueno poner siempre por escrito los posibles conceptos clave, para que el cliente/jefe no pueda reclamarnos en una futura discusión con: «Pero es que yo esto no lo sabía».
La situación es diferente cuando se gestionan grandes presupuestos publicitarios o en el caso de campañas publicitarias puntuales: en estos casos se puede solicitar el informe incluso semanalmente o de forma sistemática al final de cada promoción.

FOCUS : Engagement

	2018	2019	
Reacciones	7529	12447	+65,3%
Comentarios	657	1058	+61%
Veces compartido	2724	4094	+50,2%
Mensajes	75	116	+54,6%

A pesar de que no ha cambiado significativamente el presupuesto mensual asignado (+8 %) y la visibilidad orgánica esté en un descenso constante, ha aumentado decididamente la implicación en la página. En particular, se registra un crecimiento decididamente importante en los clics en los enlaces con el sitio web (**+253 %**), pero también en las peticiones de información y en los comentarios que administrar y moderar (**+54 %** mensajes). La comunidad crece y ocurre lo mismo con las preguntas y las muestras de reconocimiento.

Figura 11.2 - Ejemplo de focalización del compromiso en un informe anual.

Las herramientas

Ya hemos visto diferentes herramientas y, también específicamente para los informes, existen varias posibilidades.
De hecho, podemos optar por un trabajo manual, creando una plantilla profesional o de agencia y personalizándola de vez en cuando con los datos descargados o mostrados en pantalla, directamente desde las distintas pla-

taformas, Facebook, Instagram, LinkedIn. Sin embargo, hay que tener en cuenta que a menudo datos ofrecidos de forma nativa por las distintas redes o son «en bruto» y necesitan una reelaboración (como los Facebook Insights exportados) o bien no pueden exportarse a hojas de Excel para ser trabajados (como los Instagram Insights): en estos casos, utilizar herramientas externas permite tener muchos más datos, más limpios y ya agregados.
La alternativa es optar por una estructura híbrida, en la que se integran los datos ofrecidos por las herramientas de las redes sociales utilizadas para generar los informes con nuestras propias consideraciones; lo que, por ejemplo, puede hacerse con AdEspresso y Hootsuite.
También podemos optar por enviar de forma automática el informe mensual al cliente desde la herramienta utilizada. Muchas lo permiten. Sin embargo, el riesgo es que, sin un mínimo de personalización y contextualización por nuestra parte, resulte poco claro y, por tanto, no se lea con la atención necesaria.
Como hemos visto, la mayoría de las herramientas de gestión de redes sociales disponibles en el mercado también ofrecen la posibilidad de crear informes, pero existen otras herramientas de pago específicas para la elaboración de informes, como

- Google Data Studio (uso gratuito de la herramienta, conectores de pago) (Figura 11.3);
- DashThis;
- ReportGarden;
- Social Report.

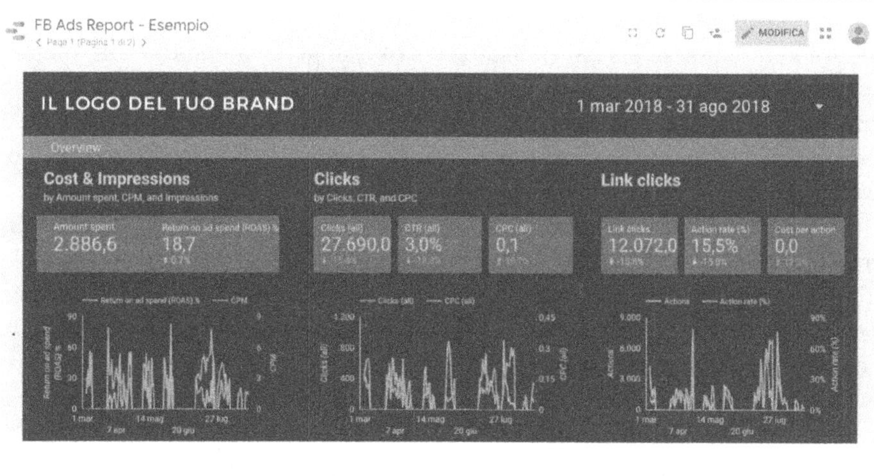

Figura 11.3 - Ejemplo de captura de pantalla de Facebook Ads con Google Data Studio.

Conclusiones: mantener la dirección correcta

En este viaje que hemos hecho juntos ha quedado claro hasta qué punto ser un verdadero gestor profesional de redes sociales es mucho más que publicar post o coleccionar «Me gusta»: ser un gestor de redes sociales es un trabajo que requiere análisis, planificación y estudio constante. También se ha puesto de manifiesto lo importante que es saber comunicar la propia profesionalidad y los resultados obtenidos, precisamente para salir del cliché de «el tío que trastea con el ordenador» y ver cómo se nos reconocen nuestros propios méritos (también y sobre todo pecuniarios).

El camino que has elegido tomar no es un camino fácil, pero si lo recorres con verdadera pasión y dedicación te hará obtener muchas satisfacciones.

A lo largo de los años he ayudado a formar a miles de profesionales —más de cuatro mil quinientos solo con mi Academy— y ver todos los días a personas, jóvenes y mayores (sí, también esta historia de que la gente que se dedica a este trabajo tiene que ser muy joven debe terminar), emplearse a fondo para sobresalir y dar a sus clientes/empleadores lo mejor de sí mismos ha sido una gran inspiración para mí. Habrá momentos en los que te sentirás como una especie de superhéroe, quizás porque habrás conseguido resultados u obtenido clientes con los que nunca habrías soñado, otros en los que te vendrás abajo, descubriendo que sabes poco o nada sobre una funcionalidad concreta, disparando completamente a ciegas o cometiendo un error típico #deCuñao que nunca te esperaste.

No te preocupes, es lo normal, sigue adelante.

Habrá momentos en los que pensarás «pero ¿quién me mandaría a mí meterme en esto?», porque el gerente de negocios esa mañana no tiene ganas de trabajar, porque te rechazan una campaña, aunque no tenía nada de malo o porque mágicamente esa funcionalidad con la que contabas ha desaparecido.

No te preocupes, es lo normal, sigue adelante.

Encontrarás charlatanes, muchos, quizá más famosos que tú y que ganarán más que tú; encontrarás clientes que quieren que se les prometa lo imposible a pesar de saber que no obtendrán resultados y encontrarás nuevas y más creativas formas de engañar al prójimo o de hinchar los datos, por ejemplo, comprando fans, seguidores o visualizaciones.

No me corresponde a mí decirte en qué lado hay que estar o qué ética hay que adoptar, pero sí puedo contarte mi experiencia.

A los listillos, sobre todo en la Red, tarde o temprano se les pilla, la reputación es lo más importante que tienes como profesional y trabajar mal o, peor aún,

engañar al prójimo, además de ser moralmente deplorable es una opción que no compensa a largo plazo.
Espero que este libro mío te haya sido útil, que te haya dado los estímulos adecuados para empezar o continuar este trabajo con más conciencia aún y ganas de impactar.
La pluma con la que escribir tu futuro está en tu mano y te deseo que narres una historia maravillosa.

HOEPLI
ediciones

www.ingramcontent.com/pod-product-compliance
Lightning Source LLC
LaVergne TN
LVHW010939051026
849532LV00003B/1054